LES GRANDES ÉCOLES

VINCENT MARIE

LES ESSENTIELS MILAN

Sommaire

Les mots suivis d'un astérisque (*) sont expliqués dans le glossaire.

De HEC à Polytechnique, de l'Éna à Centrale...

En France, le système éducatif, dans son ensemble, a toujours été un singulier objet de passion. Ainsi, depuis la Révolution française, son rôle s'est considérablement renforcé, et l'éducation est devenue en même temps un moyen essentiel pour la promotion sociale et une réponse à une anxieuse attente des familles, désireuses d'éviter le spectre du chômage et de la précarité pour leurs enfants.

L'apparition des grandes écoles, au XVIIᵉ siècle, de HEC à Polytechnique, de Centrale à Normale sup, de l'École des ponts à l'École des mines, correspond à un réel besoin de renforcer les universités, dont beaucoup considèrent qu'elles délivrent un enseignement par trop généraliste.

Aujourd'hui encore, les grandes écoles, en plus de répondre à tous ces critères, doivent transmettre le patrimoine national. Destinées à former les futures élites de la nation, les cadres supérieurs, dans tous les domaines, commerce, administration, industrie, enseignement, recherche, défense, elles demeurent, pour tous les bacheliers, un rêve. Mais parler du monde des grandes écoles, c'est toujours évoquer une galaxie chargée de prestige et d'histoire, certes, mais difficile d'accès car très (ou trop) sélectif.

Comment intègre-t-on une grande école ? En quelle année à été fondée la fameuse École polytechnique ? Qui peut prétendre suivre les cours de l'École centrale ou de l'Éna ? Des questions toujours posées, dans un univers souvent méconnu. Ce livre apporte des réponses, en sachant qu'elles restent en perpétuelle évolution.

L'enseignement supérieur en France

En marge des grandes écoles, après le baccalauréat, les étudiants peuvent choisir d'autres filières pour poursuivre leurs études, parmi lesquelles on retrouve la filière universitaire.

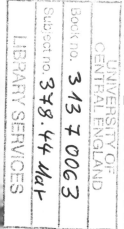

L'université

Les universités accueillent, en principe, tous les bacheliers. En France, les droits d'inscription avoisinent en moyenne les 1 000 francs, ce qui, comparé aux autres systèmes universitaires étrangers, reste insignifiant. Le déroulement des études s'effectue en trois cycles. Durant son premier cycle, l'étudiant prépare en deux ans un Diplôme d'études universitaires générales (le Deug). Ensuite, accessible aux titulaires du Deug, le deuxième cycle propose la préparation de la licence en un an, de la maîtrise en deux ans. Le troisième cycle comporte une voie professionnelle avec le Diplôme d'études supérieures spécialisées (DESS). La voie générale passe par la préparation d'un Diplôme d'études approfondies (DEA) en un an auquel fait suite le doctorat.

Le plan « Université 2000 »

Ce nouveau schéma, préparé en deux périodes (de 1991 à 1995 et 1995 à 2000) prévoit la création de sept nouvelles universités, implantées, pour la région parisienne, dans les villes dites « nouvelles », Cergy-Pontoise, Évry, Marne-la-Vallée, Saint-Quentin-en-Yvelines.

Par ailleurs, ce plan a pour principale mission de développer les formations professionnalisées et de relancer les Instituts universitaires de technologie (IUT). Pour bon nombre d'experts, ce plan « Université 2000 » relève de l'urgence car il faut combler un retard

Le système RAVEL
Tous les futurs étudiants d'Île-de-France s'inscrivent sur le célèbre Minitel 36-14 code Ravel. Les inscriptions concernent tout le monde, que ce soit pour intégrer la fac ou une filière plus sélective. En 1995, environ 120 000 lycéens se sont inscrits de cette manière.

accumulé pendant 25 ans, entre autres pour la modernisation des locaux et des équipements.

Les effectifs universitaires

Les effectifs de l'enseignement supérieur se sont accrus de près de 40 % en 9 ans, et continuent d'augmenter à un rythme accéléré. En 1983-1984, chez les 18-25 ans, ils représentaient 13,5 %. En 1993-1994, ils étaient 20,8 %.

Dans les années quatre-vingt, l'université a été marquée par une forte croissance de ses effectifs. Ainsi, en dix ans, un demi-million d'étudiants supplémentaires se sont inscrits à la fac, pour atteindre 1 700 000 étudiants. Il est intéressant de constater que la moitié de cette population étudiante se trouve concentrée dans les trois académies parisiennes, ainsi que celles de Lille, Lyon, Toulouse, Bordeaux et Aix-Marseille.

Les femmes sont plus nombreuses que les hommes, surtout dans les disciplines littéraires où elles représentent les trois quarts des inscrits.

En sciences et dans les IUT, les hommes sont fortement majoritaires (plus de 60 %). Les étudiants étrangers, dont le nombre augmente depuis 1989, représentent 12 % des étudiants.

*Source : L'État de l'école, n° 2, MEN-DEP.

> **Après avoir décroché le bac, pour poursuivre leurs études, les étudiants peuvent s'orienter vers l'université.**

Un peu d'histoire...

Les grandes écoles en France sont apparues il y a déjà trois siècles. Leur passé prestigieux et leur longévité en font une référence reconnue partout dans le monde. Comment et pourquoi ont-elles été créées ?

L'enseignement en France

En France, l'enseignement a toujours été un miroir de notre société. Tout d'abord parce que l'École demeure au cœur des débats, de la Révolution à l'idée républicaine. Ensuite, parce qu'à propos de l'École, les grands débats qui agitent le système politique s'analysent facilement. On peut découper en trois périodes les grandes étapes de l'enseignement en France :

– de 1800 à l'arrivée de Jules Ferry au ministère de l'Instruction publique en 1879, ce qui marque la fin de l'ancien régime scolaire ;
– ensuite, le « siècle Jules Ferry » où s'impose l'école républicaine ;
– la troisième période s'ouvre dans les années soixante, années de turbulences et de réformes.

L'apparition des grandes écoles

Au Moyen Âge, l'université française formait la quasi-totalité des cadres de la société : juristes, médecins, théologiens, etc. Les autres professions étaient pour la plupart regroupées en corporations. À la Renaissance, devant un nouveau besoin d'encadrement, l'université éprouve de réelles difficultés d'adaptation.

C'est à cette période que l'on voit apparaître les premières institutions particulières : écoles royales, jardin du roi…

Au XVIIIe siècle, le pouvoir central a toujours pour principal objectif de conforter son autorité. Ainsi, pour former une nouvelle catégorie de cadres, les premières grandes écoles sont créées. L'événement de cette époque, dans le monde des grandes écoles, est la naissance d'un nouveau concept d'ingénieur, tout d'abord militaire puis dans la société civile.

Quelques dates : en 1747, l'École nationale des ponts et chaussées ; en 1783, l'École des mines ; en 1792, l'École centrale des travaux publics et l'École polytechnique.

Au XIXe siècle, puis progressivement au XXe, on assiste à une diversification de l'enseignement. Tout d'abord avec la création d'écoles privées, ensuite avec une intervention de plus en plus croissante de l'État. De leur côté, les écoles de commerce

Les grandes écoles sont apparues en France au XVIe siècle pour former les nouveaux cadres de la société.

sont apparues plus tardivement que les écoles d'ingénieurs, avec, en 1820, la création de l'École supérieure de commerce de Paris. Aujourd'hui, plus de deux cents formations délivrent le titre d'ingénieur diplômé, y compris des formations dépendant des universités.

Qu'est-ce qu'une grande école ?

Les grandes écoles se distinguent de l'université par une très large autonomie et un projet pédagogique indépendant. Au-delà de la diversité des programmes, elles montrent une réelle unité de conception.

Transmettre le savoir

L'université a toujours eu pour mission de transmettre une solide culture générale. Au fil des ans, cette vocation s'est non seulement maintenue, mais au cours des dix dernières années elle s'est même accentuée.

En résumant, on peut considérer que le rôle de l'université est de transmettre le savoir, de participer à la création des connaissances, de développer la recherche et la formation des hommes et, à mi-chemin avec les grandes écoles, de répondre aux besoins de la Nation en lui fournissant des cadres dans tous les secteurs d'activités.

Les caractéristiques communes aux grandes écoles

La forte sélection, qui rend l'univers des grandes écoles difficile d'accès et donc très compétitif, permet aux établissements de conserver une taille humaine.

La formation est généralement longue, c'est-à-dire cinq ou six ans après le baccalauréat. Les deux ans de classes préparatoires (prépas) font partie de cette formation postbac ; 64 % des admis dans les grandes écoles sont directement issus de ces classes.

Les grandes écoles, en principe, doivent répondre à des critères de formation polyvalente et généraliste. Les moyens pédagogiques (ordinateurs, télématique, banques de données, bibliothèques, etc.) sont en perpétuelle évolution.

L'organisation des grandes écoles fait constamment

appel aux nouveaux produits et aujourd'hui on remarque que le multimédia est très présent. Un grand nombre d'écoles sont d'ores et déjà reliées au fameux réseau Internet.

Une ouverture sur le monde

De plus en plus, avec l'Europe notamment, les grandes écoles s'ouvrent vers l'international, ce qui se traduit par un renforcement de l'enseignement des langues et des cultures étrangères.

Dans leur cursus, les écoles ont multiplié les séjours et les stages à l'étranger, souvent même devenus une des conditions *sine qua non* d'obtention du diplôme. Parfois, certaines écoles offrent la possibilité de décrocher un double diplôme (français et européen).

Dans les milieux économiques, avec les entreprises, les décideurs et les recruteurs, les grandes écoles ont su jouer la carte de la complémentarité.

Ainsi, cette étroite coopération donne la possibilité aux étudiants de s'insérer dans le monde professionnel, par le biais de stages, d'enquêtes et de mémoires.

> Le concept des grandes écoles s'articule principalement autour de deux notions : indépendance et autonomie.

Des formations variées

L'étendue des formations littéraires, économiques ou scientifiques est telle qu'elle permet à tout étudiant de bon niveau d'entrevoir une grande école.

L'ouverture de certaines formations

Très longtemps, l'hégémonie des mathématiques dans l'enseignement supérieur laissait peu de place aux littéraires, et dans une moindre mesure à ceux qui avaient fréquenté des sections économiques. De récentes réformes, visant à ouvrir de plus en plus les portes des grandes écoles aux « forts en lettres », permettent l'accès à certaines formations – comme les écoles de commerce – jusqu'ici réservées aux scientifiques.

Les formations scientifiques

Il existe actuellement près de trois cents établissements habilités par la Commission des titres de l'ingénieur (CTI) à délivrer le diplôme officiel d'ingénieur. Ces écoles peuvent être accessibles directement après le bac, après les classes préparatoires (deux ans), après un bac + 2 : Deug, Diplôme universitaire de technologie

(DUT), Brevet de technicien supérieur (BTS), ou par la voie des admissions sur titre (licence, maîtrise…). Les plus prestigieuses recrutent sur prépa et sont parisiennes : Polytechnique, Centrale, Mines, Ponts et Chaussées, l'INA PG (Institut national d'agronomie Paris-Grignon)... Les quatre écoles vétérinaires (Maisons-Alfort, Nantes, Lyon et Toulouse) sont accessibles sur concours réservé aux bacheliers scientifiques ayant au préalable effectué une ou deux années de prépa.

Les formations économiques et commerciales

De bac + 3 à bac + 5, ce sont près de 250 établissements qui forment aux métiers du commerce et de la gestion. Certaines écoles sont accessibles après le bac, tandis que les formations type HEC (Hautes études commerciales) ou ESC (Écoles supérieures de commerce), les plus prestigieuses, sont construites sur le modèle de deux ans de classes prépas suivies de trois ans d'études dans l'école. Les bacheliers scientifiques, économiques et littéraires peuvent accéder à ces établissements, un concours spécial étant ouvert à chacune de ces séries. Les étudiants peuvent s'orienter vers une carrière internationale, vers une fonction de commercial, vers des postes de gestion ou de marketing…

Les formations littéraires

Les filières littéraires comptent parmi leur rang les IEP (Instituts d'études politiques), même si certaines sections de Sciences-Po se révèlent à teneur très économique. L'École nationale des chartes, à Paris, s'appuie quant à elle sur deux sections ouvertes aux littéraires : époques médiévale et moderne ou époque contemporaine. Destinées elles aussi aux profils plutôt littéraires, on compte en France huit écoles de journalisme reconnues par la profession, gage de qualité et d'accès plus facile à une profession réputée fermée. Les deux écoles les plus cotées sont le Centre de formation des journalistes (CFJ) à Paris et l'École supérieure de journalisme (ESJ) à Lille.

> **Les Écoles normales supérieures**
> Les ENS, au nombre de quatre (Ulm-Sèvres, Fontenay-Saint-Cloud, Lyon, Cachan), s'adressent à la fois aux littéraires et aux scientifiques, voire à ceux des sections économiques. Elles recrutent donc aussi bien à l'issue d'une prépa littéraire (hypokhâgne et khâgne) qu'après une prépa scientifique (math sup et math spé). Les études préparent essentiellement aux concours de la Fonction publique.

> L'éventail des formations est suffisamment vaste pour permettre aux étudiants de trouver une grande école correspondant à leurs choix.

Statuts et tutelles

Choisir une grande école, c'est également s'inquiéter de son statut et de l'organisme de tutelle dont elle dépend.

⌐Les écoles d'ingénieurs

Sur les 300 formations d'ingénieurs habilitées à délivrer le diplôme, la plupart sont publiques (68 %), les autres étant privées (26 %) ou consulaires (6 %), c'est-à-dire dépendant d'une chambre de commerce et d'industrie. Dans ces deux derniers cas, la scolarité est payante (de 10 000 à 30 000 francs annuels), alors que les étudiants des écoles publiques ne s'acquittent que des droits d'inscription, de l'ordre de 1 000 à 2 000 francs par an.

Peu importe le statut de l'école, dès lors qu'elle est habilitée par la Commission des titres de l'ingénieur (CTI). Ainsi, l'École supérieure d'électricité (ESE), dite Supélec, qui appartient au groupe des dix meilleures écoles d'ingénieurs françaises, est un établissement privé.

Dans leur grande majorité, les formations d'ingénieurs sont sous la tutelle du ministère de l'Enseignement supérieur et de la Recherche, où l'on trouve toutes les écoles d'ingénieurs universitaires mais aussi des formations comme les Arts et Métiers ou les Écoles nationales d'ingénieurs (Éni).

Les autres écoles dépendent d'autres ministères, à l'image de Polytechnique qui dépend du ministère de la Défense ou des Ponts et Chaussées qui sont sous la tutelle du ministère de l'Équipement.

⌐Les écoles de commerce

Hormis une dizaine d'établissements publics, dont certains sont rattachés à l'université, un peu plus de la moitié des écoles de commerce sont privées, les autres étant consulaires. Pour ces dernières, parmi lesquelles on retrouve les ESC ou HEC, les études sont payantes et

oscillent entre 20 000 et 35 000 francs par an. Les autres écoles, en quatre ou cinq ans après le bac, sont généralement privées, les coûts annuels pouvant monter jusqu'à 40 000 francs.

Lorsqu'elles sont consulaires, les écoles de commerce sont sous la tutelle des chambres de commerce et d'industrie, tandis que les écoles privées dépendent le plus souvent du ministère de l'Enseignement supérieur et de la Recherche.

Le financement

Il existe trois principales sources de financement pour les écoles : les ressources de l'État et des collectivités locales (régions, départements, communes), les frais de scolarité et la taxe d'apprentissage.

Selon le satut de l'école et l'organisme de tutelle, ces trois modes de financement interviendront plus ou moins dans le budget de fonctionnement d'un établissement.

À de rares exceptions près, les écoles publiques sont financées principalement par l'État et les collectivités locales, à hauteur de 65 % environ de leur budget de fonctionnement.

Les écoles privées, quant à elles, tirent principalement leurs ressources des frais de scolarité des étudiants (45 %), mais aussi de la taxe d'apprentissage (22 %), taxe créée en 1925 afin de faire participer les employeurs au financement de la formation.

Les écoles consulaires, en équilibrant ces trois sources de financement, se situent à mi-chemin entre les écoles publiques et les écoles privées.

Les grandes écoles peuvent avoir un statut public, privé ou consulaire.

Une grande diversité de cursus et de niveaux

Envisager d'entrer dans une grande école, c'est entamer des études qui dureront au minimum trois ans, le plus souvent beaucoup plus.

Sciences politiques

Les neuf Instituts d'études politiques (ou Sciences-Po) forment leur étudiants en trois ans. À la fin de la première année, les étudiants doivent choisir entre quatre sections : économique et financière, service public, politique et sociale ou internationale.

Des labels de qualité

Trois ans d'études après le bac pour les élèves de Sciences-Po, cinq ans pour les élèves ingénieurs, les étudiants des grandes écoles ne suivent pas toujours le même nombre d'années d'études à l'issue du bac. Un certain nombre de labels (*voir* pp. 34-35), parmi lesquels la reconnaissance du diplôme ou l'habilitation, assurent le prestige d'un établissement. Si des normes très précises existent pour les écoles d'ingénieurs, les grandes écoles de commerce ne s'appuient ni sur une durée d'études identique ni sur une habilitation commune.

Les formations en trois ou quatre ans

En quatre ans après le bac, une centaine d'écoles de commerce permettent aux étudiants d'éviter les classes prépas. Si toutes ces écoles se disent « grandes », l'étudiant pourra regarder du côté des labels pour en connaître le prestige : la reconnaissance par l'État, l'homologation du titre et le visa du diplôme, qui demeure le plus prestigieux des labels. Attention toutefois : certains établissements trop récents ou trop spécifiques n'ont pas ces labels et offrent néanmoins des formations reconnues par les professionnels.

Toujours en quatre ans, certaines écoles de journalisme reconnues par la profession appartiennent aux grandes écoles : le CFJ et le Celsa à Paris, l'ESJ à Lille… Les étudiants sont recrutés à l'issue d'un bac + 2 (Deug, DUT, BTS…) pour suivre ensuite deux ans d'études. Il faut toutefois rester prudent sur le niveau d'entrée requis, la majorité des élèves intégrant ces écoles ayant le plus souvent un niveau bac + 3 ou 4.

Les formations en cinq ans et plus

Quel que soit le niveau d'entrée dans une école d'ingénieurs, le diplôme d'ingénieur ne s'acquiert qu'au terme de cinq ans d'études, qui peuvent être très généralistes ou beaucoup plus spécialisées. Les écoles généralistes forment avant tout des ingénieurs dotés d'une grande polyvalence et de connaissances scientifiques pointues. C'est notamment le cas de Polytechnique ou de Centrale. Les diplômés qui sortent de ces écoles peuvent ensuite trouver des emplois dans tous les secteurs professionnels et occuper des postes dans n'importe quel service de l'entreprise. Les écoles spécialisées forment, elles, des ingénieurs très pointus dans un domaine spécifique, qui peut aller de la mécanique à l'agronomie, en passant par la chimie.

Les écoles de commerce en cinq ans sont dans leur grande majorité des écoles recrutant après les classes prépas. Si les écoles en quatre ans sont généralement spécialisées, les écoles type Sup de Co sont beaucoup plus généralistes. Leurs atouts tiennent en plusieurs facteurs : international, qualité de l'enseignement et de l'insertion professionnelle. En tête de ces écoles, HEC, l'Esséc et l'ESCP sont trois écoles parisiennes très cotées sur le marché du travail. Après une ou deux années de prépa, les études dans les écoles vétérinaires durent quatre ans. Enfin, les Écoles normales supérieures proposent des études qui durent quatre ans, rémunérées, accessibles à l'issue de deux ans de prépa.

Les grandes écoles ont toutes des niveaux et des cursus différents, et leur prestige dépend de la qualité de leurs diplômes.

Comment intégrer une grande école ?

Il existe plusieurs façons d'accéder à une grande école : directement après le bac, à l'issue de classes préparatoires ou par la voie des admissions parallèles.

Juste après le bac

Pour intégrer une grande école après le bac, les étudiants sont en règle générale recrutés sur concours (dossier, épreuves écrites et orales, entretien), qui est très sélectif.

Il est donc indispensable de disposer d'un excellent dossier et d'une motivation sans faille.

Du côté des écoles d'ingénieurs, il existe une soixantaine d'établissements habilités à délivrer le diplôme et recrutant des bacheliers, majoritairement scientifiques, parfois technologiques. Les étudiants suivront cinq ans d'études au sein même de l'établissement. La quasi-totalité des bacheliers qui intègrent ces écoles ont décroché une mention au bac.

Quant aux écoles de commerce, elles sont une centaine à proposer des formations en quatre ou cinq ans à des bacheliers des sections littéraire, économique et sociale ou scientifique. La sélection s'effectue le plus souvent sur concours, un bon niveau de culture générale étant indispensable pour accéder à ces établissements. Par ailleurs, la maîtrise d'une ou deux langues étrangères est nécessaire, ces écoles offrant pour la plupart des formations tournées vers l'étranger : Europe, États-Unis, pays de l'Est…

Enfin, les Instituts d'études politiques (IEP), dits Sciences-Po, recrutent des bacheliers ou des étudiants ayant suivi une année de formation à l'université ou dans une classe préparatoire du type lettres supérieures. Ceux qui ont décroché une mention très bien au bac sont admis d'office à Aix, Lille, Rennes et parfois Paris.

Après une prépa

Les classes préparatoires aux grandes écoles durent deux ans et s'adressent aux bacheliers disposant d'un excellent dossier en terminale. Elles donnent accès aux formations les plus prestigieuses, comme Polytechnique pour les écoles d'ingénieurs ou HEC pour les écoles de commerce.

Plus de 150 écoles d'ingénieurs sont accessibles à l'issue d'une prépa scientifique, la sélection s'opérant ensuite sur concours. Les écoles de commerce, au nombre de cinquante, recrutent après des prépas dites commerciales. Les plus réputées restent les Écoles supérieures de commerce, dites Sup de Co. Elles sont regroupées dans deux concours communs.

Les voies parallèles

La quasi-totalité des formations accessibles directement après le bac ou à l'issue d'une classe prépa le sont aussi par la voie des admissions parallèles, c'est-à-dire à des étudiants ayant opté pour un enseignement universitaire (Deug, licence, maîtrise…) ou un bac + 2 type BTS ou DUT. Que ce soit pour les écoles de commerce ou d'ingénieurs, la tendance actuelle est au regroupement des écoles pour assurer le recrutement de ces diplômés. Enfin, il est également possible d'intégrer une école par le biais de la formation continue ou de l'alternance (bac + 2 et expérience professionnelle).

Un même diplôme Directement après le bac, après une prépa ou un bac suivi de quelques années d'enseignement supérieur, les possibilités d'intégration d'une grande école sont variées. Mais quelle que soit la voie empruntée, le diplôme final de l'école est le même pour tous les étudiants.

Son bac en poche, un étudiant peut construire son parcours vers une grande école selon ses affinités, sa manière de travailler et les opportunités qui se présentent à lui.

Les classes préparatoires

Les classes préparatoires demeurent le meilleur moyen pour intégrer une grande école.
Ce système, fierté de l'enseignement supérieur français, est unique en Europe.

Une sélection sévère

L'univers des classes préparatoires reste aujourd'hui encore un peu étriqué. Peut-être tout simplement parce que la sélection est sévère. À Paris et en province, les grands lycées comme Henri-IV ou Louis-le-Grand ne recrutent que les meilleurs élèves de terminale. Il faut obtenir une mention, au minimum assez bien, au bac. Cependant, il existe de nombreux lycées, peut-être un peu moins « haut de gamme », et donc moins sélectifs, qui ont des résultats très satisfaisants.

Les prépas littéraires

Les matières les plus importantes sont le français, l'histoire et la philo. Avec à peine 9 000 élèves inscrits en 1995, hypokhâgne et khâgne sont les plus petites classes prépas en effectif. Et pourtant, avec la récente revalorisation des bac L (ex-A), elles sont les seules à avoir accueilli plus d'élèves que l'année précédente (+ 7 %).

Les prépas scientifiques

Depuis la réforme de 1995, elles sont répertoriées au nombre de quatre : les prépas math sup et spé, les prépas bio, les prépas véto et les prépas techniques. *A priori*, elles sont réservées aux seuls matheux, mais les littéraires peuvent également tenter leur chance. Une, deux, voire trois années de travail intensif, directement orientées vers un seul et même objectif : le concours des grandes écoles. Ce qui, bien évidemment, implique une discipline rigoureuse. Ainsi, les élèves de prépas scientifiques sont réputés pour rester enfermés dans leur chambre pour potasser les cours et ne jamais voir la lumière du jour. On les surnomme « les taupes ».

Les prépas commerciales

Les prépas commerciales sont certainement les plus complètes. Elles exigent une solide culture générale, car il faut que les élèves soient aussi à l'aise en maths qu'en français, sans pour autant négliger les langues. Là aussi, la réforme a eu du bon.

Désormais la durée du cursus est de deux ans, contre un an auparavant. Ce qui permet à ces prépas d'être un peu plus accessibles. En 1995, il y avait 10 200 élèves inscrits, 8 000 dans les prépas publiques et 4 200 dans le privé.

Petit lexique des classes prépas

En première année de prépa on nomme les nouveaux entrants les « bizuths ». Les « 3/2 », comme on les appelle dans les prépas scientifiques, plus connus sous le nom de « carrés » sont, eux, en deuxième année. Pour les redoublants de la seconde année – qui entament donc leur troisième année – ils deviennent des « cubes » ou des « 5/2 ». Les « taupins » sont élèves en math sup (première année) et en math spé (deuxième année). En lettres, « les hypokhâgneux » sont étudiants en première année et les « khâgneux » en deuxième année. Quant aux prépas commerciales, elles sont tout simplement quelquefois baptisées « épices ».

CE QUI M'A ATTIRÉ VERS CETTE GRANDE ÉCOLE C'EST LE PRESTIGE

BIZUTH

Napoléon
Pourquoi appelle-t-on les élèves d'une prépa littéraire les « khâgneux » ? On raconte que Napoléon, en visite à la prestigieuse École normale supérieure (Normale sup), a été si surpris de la très mauvaise mine des élèves, trop absorbés par leurs études, qu'il s'exclama : *« Mais qui sont ces cagneux-là ? »*

Une sévère sélection s'opère pour accéder aux classes préparatoires, qui exigent toutes beaucoup de travail.

Les concours

L'entrée dans les grandes écoles est très souvent conditionnée par la réussite à un concours. Le degré de difficulté de la sélection détermine en grande partie le prestige de l'établissement.

Les autres concours

• **École normale supérieure (ENS).** Le niveau des concours d'entrée dans les ENS, très élevé, range ces établissements au côté d'écoles comme Polytechnique ou Centrale. En 1996, les trois ENS recrutant des scientifiques ont organisé une banque commune d'épreuves.
• **Les écoles vétérinaires.** Au nombre de quatre, les écoles vétérinaires recrutent en commun leurs candidats. Là encore, la sélection drastique ne permet qu'à un nombre restreint d'étudiants d'accéder à l'une des écoles.

L'existence des concours

À de rares exceptions près, et notamment pour les admissions dites « sur titre », les grandes écoles sont accessibles exclusivement sur concours, comprenant généralement l'étude du dossier du candidat, des épreuves écrites et orales et des entretiens.

Quel que soit leur niveau de recrutement (bac, prépas, admissions parallèles), la plupart des écoles, de commerce d'une part, d'ingénieurs d'autre part, se sont regroupées en différents concours communs pour recruter leurs candidats. Identité plus forte des écoles, diminution des coûts d'organisation, ces regroupements permettent en outre aux étudiants, en ne passant qu'un seul concours, d'avoir accès à plusieurs écoles. La plupart du temps, les élèves passent ainsi deux ou trois concours, leur permettant ainsi de postuler à plus de cinquante établissements.

Les écoles d'ingénieurs

Après le bac, dix-huit écoles d'ingénieurs à dominante industrielle et agricole se sont réunies sous le nom des écoles de la Fésic (Fédération d'écoles supérieures d'ingénieurs et de cadres) : treize de ces écoles organisent en commun leur recrutement et constituent le plus important concours après le bac. Les autres concours (Éni, Insa et Geipi) regroupent chacun environ cinq écoles. Après une prépa, les étudiants peuvent tenter des concours très difficiles ; les plus cotées des écoles pourront bénéficier des meilleurs éléments. Si le concours de Polytechnique ne donne accès qu'à la prestigieuse école de l'X, il existe près d'une dizaine d'autres concours (Centrale/Supélec, Mines-Ponts/Télécom, Énsam...) donnant accès à plus de cent établissements.

Au terme des épreuves, les candidats obtiennent un rang de classement qui leur permet d'intégrer telle ou telle école.

Les écoles de commerce

Pour les écoles de commerce, le dispositif est sensiblement le même, même si les regroupements sont moins nombreux et réunissent donc un nombre plus important d'établissements.

Un bémol, toutefois : beaucoup d'écoles assurent leur propre recrutement. Après le bac, deux concours communs permettent d'envisager l'accès à une dizaine d'écoles : Sésame et Visa. Le premier rassemble des écoles à vocation internationale, le second des écoles plus généralistes.

À l'issue d'une prépa, le célèbre concours HEC concerne plus de vingt-cinq écoles, HEC en tête, mais aussi l'Ésséc, l'ESCP et la plupart des ESC de province. Le concours, qui se déroule sur deux jours, donne accès à un oral qui ouvre ou non les portes d'une école. Écricome, deuxième concours destiné aux futurs commerciaux, regroupe cinq écoles. Il s'organise de la même manière que la banque d'épreuves HEC, avec des épreuves écrites et orales.

> Sauf exception, seule la réussite à des concours difficiles permet l'accès aux grandes écoles.

ROS PLAN | PERSPECTIVES | APPROFONDIR

Les écoles d'ingénieurs

L'éventail des matières enseignées dans les écoles d'ingénieurs est très large, d'autant qu'une même école peut proposer plusieurs spécialisations.

Généralistes ou spécialisées

Il est toujours difficile de choisir entre une école généraliste et une école plus spécialisée. Ainsi, la plupart des « taupins » (*voir* p. 19) choisissent leurs concours en fonction de la réputation d'une école plutôt que de leurs aspirations propres. Les écoles d'ingénieurs peuvent se regrouper en deux catégories : les écoles généralistes et les écoles spécialisées.

Parmi les écoles généralistes, on retrouve Polytechnique, Centrale (Paris, Lille, Lyon, Nantes), les Mines (Paris, Saint-Étienne, Nancy…, les Ponts et Chaussées (ENPC). Elles forment des ingénieurs très compétents, dans tous les domaines d'activités, ce qui leur offre la possibilité d'accéder à plusieurs secteurs professionnels et à toutes les fonctions dans l'entreprise. Cette polyvalence permet à ces écoles d'être plus cotées. Le revers de la médaille : elles sont très sélectives.

Les écoles spécialisées mènent les étudiants vers des secteurs très variés : agronomie, chimie, physique, biologie,

INGÉNIEUR GÉNÉRALISTE

INGÉNIEUR DE TERRAIN

informatique, électronique, mécanique, etc. La spécialisation se fait soit en début de cursus, soit en dernière année. Cela dépend de l'école. Par exemple, à l'Institut des sciences de la matière et du rayonnement (ISMRA) de Caen, les options s'affinent année après année, alors qu'à l'École supérieure des sciences et technologies de l'ingénieur de Nancy (ESSTIN), la spécialisation ne se précise qu'en cinquième et dernière année.

Les NFI (nouvelles formations d'ingénieurs)

En France on manque d'ingénieurs. Et pour pallier cette mini-pénurie on envisage d'en former 10 % de plus chaque année, soit dix mille ingénieurs de terrain d'ici l'an 2000. C'est pourquoi de nouvelles filières ont vu le jour en 1990. Baptisées les NFI – dites « filières Decomps », du nom de son créateur – elles donnent la possibilité à des bacheliers (principalement des séries S et STI) d'obtenir le diplôme d'ingénieur en cinq ans, sans passer par la classe prépa.

Le principe est simple : moins de maths, moins de physique, moins de chimie, mais plus de terrain et d'expériences professionnelles. Ainsi, durant sa scolarité, l'étudiant alterne périodes de cours et périodes de stage en entreprise.

La rémunération de l'élève oscille entre 1 573 francs et 4 874 francs selon l'âge et le nombre d'années d'études déjà effectuées.

Un seul titre reconnu par l'État

Toutes les écoles d'ingénieurs, petites ou grandes, généralistes ou spécialisées, classiques ou en alternance, publiques, consulaires ou privées, délivrent le même diplôme, titre officiellement reconnu et protégé par la loi de 1934. Au total, 297 écoles en France sont habilitées à donner ce titre. La délivrance de ce diplôme s'effectue sous le haut contrôle de la Commission des titres de l'ingénieur (CTI), placée sous la tutelle du ministère de l'Éducation nationale.

Toutes les écoles
• **La DEP, Direction de l'évaluation et de la prospective du ministère de l'Éducation nationale, a recensé en 1994 233 écoles d'ingénieurs. Elles ont délivré 19 704 diplômes d'ingénieurs.**
• **Le comité d'études sur les formations d'ingénieurs a publié un guide répertoriant toutes les écoles d'ingénieurs : éditions Céfi, Le Petit Bouchon, 128 francs, tél. : (1) 42 89 15 73.**

De la chimie à l'agriculture, des travaux publics à l'automobile, du textile à l'informatique, les écoles d'ingénieurs forment les grands scientifiques de la nation.

L'École polytechnique

Polytechnique demeure une grande école qui fait rêver beaucoup de bacheliers. Sa finalité est de former les élites de l'État.

Une renommée internationale

L'École polytechnique a fêté ses deux siècles d'histoire en 1994. Le respect des traditions, le prestige de l'uniforme avec le célèbre bicorne, un encadrement exceptionnel composé de 250 enseignants à plein temps, son rattachement au ministère de la Défense, tous ces atouts font de Polytechnique un établissement qui bénéficie d'une très grande renommée internationale.

La durée de la scolarité à l'X est de trois ans. Les élèves effectuent leur service national dès la première année. Ensuite, sur l'immense plateau de Palaiseau où l'école a élu domicile en 1973, les 600 élèves (dont un faible pourcentage d'étrangers) suivent un enseignement très axé sur les sciences. Au programme : mathématiques pures et appliquées, mécanique, physique, chimie, économie, sciences humaines, informatique. Ainsi, l'une des originalités de l'école demeure le nombre et surtout la qualité de ses laboratoires de recherche directement rattachés au Centre national de la recherche scientifique (CNRS).

Aujourd'hui encore, Polytechnique applique à la lettre la loi de 1970 qui affirme la vocation de l'école : « *Destinée à former des hommes aptes à devenir, après spécialisation, des cadres supérieurs de la Nation, et plus spécialement des corps de l'État.* »

De la science à la technologie

À la fin de la Seconde Guerre mondiale, en août 1945, la majeure partie du potentiel scientifique et technologique du pays est détruite, et donc à reconstruire. Les scientifiques français ont été obligés d'interrompre,

« J'ai passé le concours d'entrée à l'École polytechnique ; c'est un concours, tout le monde le sait et je suis entré, en sortant de l'X, à l'École nationale d'administration (Éna). Je fais, comme président de la République, le même type d'efforts que j'ai faits à Polytechnique. » **Valéry Giscard d'Estaing, président de la République de 1974 à 1981.**

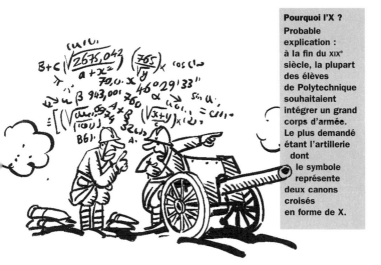

Pourquoi l'X ?
Probable explication : à la fin du XIXᵉ siècle, la plupart des élèves de Polytechnique souhaitaient intégrer un grand corps d'armée. Le plus demandé étant l'artillerie dont le symbole représente deux canons croisés en forme de X.

sur le territoire, les recherches stratégiques. Ainsi, les années d'après-guerre seront riches et fructueuses pour les scientifiques, et ceux de Polytechnique vont y jouer un grand rôle. Sur la période 1945-1960, la recherche scientifique et technologique va être marquée par une évolution à la fois qualitative et quantitative : accélérateurs de particules, réacteurs nucléaires, radiotélescopes, etc.

Raoul Dautry, un scientifique visionnaire

Raoul Dautry, reçu à Polytechnique au début du siècle (1900), sera ministre de la Reconstruction et de l'Urbanisme dans le gouvernement provisoire du général de Gaulle, juste après la guerre. Une tâche considérable l'attend dès son arrivée. Avec Frédéric Joliot-Curie il sera l'un des inspirateurs de la création du Commissariat à l'énergie atomique. Homme de paris sur l'avenir, ce polytechnicien a présidé il y a plus de quarante ans l'énorme projet du tunnel sous la Manche. À l'époque, l'entreprise ressemblait plus à une utopie qu'à un véritable projet réalisable. Et pourtant, aujourd'hui…

Depuis deux siècles, l'École polytechnique est une grande école scientifique. Sa renommée est internationale.

L'École centrale

L'École centrale est accessible aux étudiants de classes prépas scientifiques. C'est une école ancienne qui assure une excellente formation d'ingénieur.

Électricité

Dans le domaine de l'électricité brille un nom qui reste familier aux usagers. Il s'agit de Georges Leclanché, diplômé de Centrale en 1860, qui fut l'inventeur de la célèbre pile qui porte son nom.

1829-1884 : les origines de l'école

L'École centrale a été créée le 3 novembre 1829. Elle a ouvert ses portes le 20 novembre. Ce jour-là, 145 élèves assistèrent au premier cours de physique générale dispensé par Eugène Péclet. Cependant, la vie de l'école fut rapidement perturbée par les « Trois Glorieuses » : en juillet 1830, une révolte éclata à Paris contre le roi Charles X, et l'École centrale s'investit aux côtés de La Fayette, alors commandant de la Garde nationale, qui avait pris parti pour les insurgés. Pour aider les élèves, la direction de l'établissement décida d'admettre sans examen, en deuxième année, les élèves de la première promotion. Malheureusement, deux années plus tard, en 1832, les cours furent de nouveau suspendus à cause d'une épidémie de choléra. Alphonse Lavallée, directeur de l'école, atteint par la maladie, dut abandonner ses fonctions, provoquant un moment de flottement, d'autant que la situation financière de Centrale était fort délicate. Puis Centrale quittera le Marais pour s'installer rue Montgolfier.

ÉLÈVE LECLANCHÉ !
VOUS NE SEREZ JAMAIS
QU'UN ILLUMINÉ !

GÉNÉRALITÉS | CONCEPTION | MODE D'EMP

1884-1969 : de grands bouleversements

La guerre de 1914-1918 a profondément bouleversé le fonctionnement de l'école. Au total, 4 800 élèves furent mobilisés (550 morts et plus de 900 blessés). Au moment de la victoire, la grande majorité des batteries de l'artillerie française était commandée par des centraliens. « *On peut dire que l'École centrale a sauvé l'artillerie française* » s'exclama le général de Messimy au Sénat.

Au début de la Seconde Guerre mondiale, Centrale fut transférée à Angoulême. Ce n'est qu'au mois de septembre 1940, après la défaite française, qu'elle retrouva ses murs parisiens.

De 1969 à nos jours : un campus à l'américaine

Installée à Châtenay-Malabry, près du parc de Sceaux, sur dix-huit hectares, la « petite » école de la rue Montgolfier est devenue un vrai campus, qui n'a rien à envier aux Américains. La pose de la première pierre de ce gigantesque bâtiment, par Christian Fouchet, ministre de l'Éducation nationale, se déroula le 24 juin 1965.

Quatre années plus tard, le 17 octobre 1969, le président Georges Pompidou inaugura les locaux. Une nouvelle école était née, dans la continuité. Aujourd'hui, plus d'un siècle après sa création, Centrale forme toujours des ingénieurs de très haut niveau qui deviennent rapidement des dirigeants.

Les effectifs

De 1832 à 1836, l'effectif moyen était de 60 élèves par promotion. De 1857 à 1880, le nombre d'élèves augmente et il passe de 120 à 170. Au début du siècle, en 1900, 200 étudiants suivent les cours de Centrale. En 1930, l'école accueille 250 élèves pour franchir le cap des 300 en 1960. Aujourd'hui, près de 400 élèves planchent régulièrement sur des équations de maths ou de physique.

En deux mots...
Pour les forts en maths, l'admission à l'École centrale offre un beau débouché.
Pour passer le concours, il faut avoir fait deux années de prépa scientifique.

Aéronautique
Dans le monde de l'aéronautique, les centraliens ont contribué à la révolution des transports et à la conquête de l'air.
Trois d'entre eux se sont plus particulièrement illustrés :
Louis Blériot (1895),
Pierre Latécoère (1906) et
Étienne Oemichen (1908).

Depuis sa création en 1829, l'École centrale forme des ingénieurs de haut niveau.

L'École nationale supérieure des mines

L'École des mines de Paris forme des ingénieurs généralistes appelés à occuper des fonctions de responsabilités dans des domaines comme la production, la recherche et le développement ou la gestion.

« À Rome le vrai artiste c'est l'ingénieur, comme le vrai poète c'est l'historien et le vrai philosophe le juriste. »
Élie Faure (extrait de *Références pour un ingénieur humaniste*).

Décentralisation

Le cadre de l'école est plutôt agréable. En effet, elle est installée depuis 1816 au cœur du quartier Latin, dans l'ancien hôtel de Vendôme, en bordure du jardin du Luxembourg, boulevard Saint-Michel, le bastion des étudiants. Mais depuis 1967, l'École des mines, pour accueillir le nombre sans cesse croissant de ses étudiants, a été obligée de s'étendre à Fontainebleau (à proximité du château) et à Évry (Essonne). En 1976, une partie de l'école, dans le cadre de la décentralisation, s'est installée à Sophia-Antipolis, à Valbonne près de Nice. L'École des mines a été fondée en 1783. À l'époque, l'exploitation des mines posait de très gros problèmes de sécurité. Surtout, elle représentait une industrie de haute technologie avec tous les enjeux économiques et géopolitiques en découlant. Le rôle de l'École des mines était, à l'époque, de former des ingénieurs civils (120 diplômés par an) et également du corps des mines (15 diplômés par an). Ainsi, l'école participe pleinement à l'essor économique et industriel du XIXᵉ siècle. Parmi les enseignants et les élèves, on retrouve des noms aussi célèbres que Schlumberger ou Héroult.

Un fonctionnement en évolution

Au milieu du XXᵉ siècle, dans les années soixante, l'école a étendu son activité à la recherche et l'enseignement du troisième cycle en étroite collaboration avec l'association Armines. Ainsi, dans quatorze spécialités doctorales, l'école délivre le très convoité diplôme de l'École des mines de Paris, équivalent à un PhD (*Philosophical Doctorate*) d'une bonne université nord-américaine. En 1995, 108 thèses ont été préparées à l'École des mines, dont 84 doctorats de l'école.

L'école compte 304 enseignants-chercheurs et 632 étudiants de troisième cycle. Cinquante d'entre eux décrochent un DEA (*voir* p. 50), et à peu près une centaine obtiennent un mastère ou un autre diplôme de formation spécialisée de troisième cycle. Les centres de recherche de l'école réalisent des travaux pour un montant annuel de l'ordre de 120 millions de francs.

L'École des mines de Paris a créé sa propre maison d'édition dont les ouvrages ne s'adressent qu'à un public spécialisé. Quatre collections thématiques représentent les activités importantes de l'école : sciences économiques et sociales, sciences mathématiques, sciences de la matière et sciences de la Terre et de l'environnement.

Un réseau
L'École des mines est un établissement public à caractère administratif, placé sous la tutelle du ministère de l'Industrie. En France, le réseau de l'École des mines regroupe les écoles d'Albi, Alès, Douai, Nantes, Nancy et Saint-Étienne.

En deux mots...
L'admission à l'École des mines de Paris, sur concours, se fait après deux années de classes prépas. Les ingénieurs diplômés de l'École des mines ont une formation généraliste.

L'École des mines forme par tradition des ingénieurs généralistes.

NOUVEAU, HEIN ?!

ÉCOLE DES MINES

L'École nationale des ponts et chaussées, Supélec et l'Insa

Depuis trois siècles l'École nationale des ponts et chaussées n'a cessé de s'adapter aux nouvelles technologies. Supélec forme des ingénieurs spécialisés, et les Insa des généralistes.

En deux mots...
L'École nationale des ponts et chaussées prépare surtout des ingénieurs destinés à la recherche. L'admission en première année se fait après une prépa scientifique.

La première grande école

C'est en 1716 qu'a été créé le corps des ingénieurs des Ponts et Chaussées. Pendant tout le XIXe siècle, l'école des Ponts (c'est ainsi qu'on la nomme couramment) va se développer, grâce à l'impulsion de Prony qui dirige l'établissement de 1798 à 1839. C'est en 1831 que sera publié le premier numéro des fameuses « annales des Ponts et Chaussées ». Durant toute cette période vont s'illustrer de grands noms de la physique et de la chimie, comme Antoine Becquerel (1788-1878) ou Louis Joseph Gay-Lussac (1778-1850). À partir de 1960, l'évolution s'accélère. Les effectifs augmentent de plus en plus, et le fort développement des sciences et des techniques liées au bâtiment et à l'urbanisme oblige la direction de l'école à diversifier, voire même à réformer son enseignement et à s'adapter aux nouvelles technologies (davantage de professeurs et de laboratoires de recherches).

CE QUI M'INTÉRESSE DANS LE PROGRAMME CE SONT LES PONTS

CALENDRIER
J F M A M J J A
1er mai
8 mai
14 juillet
15 août

GÉNÉRALITÉS | CONCEPTION | MODE D'EN

Vers le xxᵉ siècle

Depuis 1980, l'école propose un enseignement à la carte, novateur et axé sur la création. De plus, pour mieux préparer les étudiants à la vie professionnelle, les Ponts et Chaussées proposent une formation en alternance. Ainsi, dans bon nombre de secteurs de l'économie, dans le public comme dans le privé, on retrouve des diplômés de cette école.

Le nombre d'ingénieurs formés est désormais passé de 100 à 160 par an, la recherche permet à 300 personnes de travailler dans les différents laboratoires, et, avec l'Europe, certaines formations sont ouvertes sur l'étranger.

Les Insa (Instituts nationaux des sciences appliquées)

Créées au début des années soixante, ils sont au nombre de quatre : Lyon, Rennes, Rouen et Toulouse. Le plus ancien et le plus important demeure celui de Lyon (1957), avec plus de 3 500 élèves. Ensuite on trouve Toulouse (1 300), Rouen (900) et Rennes (850). Le dernier-né est celui de Rouen qui a vu le jour en 1985. Dès leur création, les Insa ont axé leur cursus sur la recherche.

Le recrutement dans les Insa, qui sont des écoles publiques, est commun aux quatre instituts et s'effectue toujours sur dossier qui comprend les notes de terminale et celles obtenues au bac (inscriptions dès le mois de février, Minitel : 36-15 Insa).

Les Insa ont pour principale mission de former des ingénieurs en France. Les études durent cinq ans et se déroulent en deux phases.

Le premier cycle, de deux ans, est consacré à l'étude des disciplines scientifiques fondamentales (maths, physique), de l'informatique et du dessin industriel. Le second, de trois ans, se déroule dans la filière choisie par l'élève. Entre autres, on trouve la biochimie, l'urbanisme, le génie électrique, etc.

Supélec
(École supérieure d'électricité)
Il existe trois Écoles supérieures d'électricité en France : Supélec Metz, Rennes et Paris. Toutes les trois délivrent un diplôme d'ingénieur habilité par la CTI (Commission des titres de l'ingénieur).

La prestigieuse École nationale des ponts et chaussées, Supélec et les Insa sont des écoles d'ingénieurs très réputées.

L'Institut national agronomique

L'Ina assure la formation d'ingénieurs dans les secteurs de l'alimentation, de la biologie, de l'environnement et des services, ainsi que celle de docteurs vers des activités de recherche et de transfert technologique.

Un peu d'histoire

Dès la fin du XVIIIe siècle, l'enseignement de cette discipline a connu des débuts très prometteurs. L'École nationale supérieure de Grignon a été créée en 1826 et l'Institut national agronomique en 1876. Aussi, avec un passé et une histoire complètement différents, les deux institutions demeurent indissociables de l'histoire de l'agronomie en France.

L'idée de fonder une grande école d'agronomie est née de la volonté de deux hommes : Camille Polonceau, polytechnicien, et Auguste Bella, ancien officier d'Empire qui en sera le premier directeur. L'école acquiert rapidement un dynamisme et une

En deux mots...
L'Ina PG forme
des ingénieurs
dans les secteurs
de l'alimentation
et la biologie.
Il existe plusieurs
voies d'accès :
classes prépas,
Deug ou BTS.

notoriété considérables dans le développement agricole en France et même à l'étranger.

En 1848, la Deuxième République transforma Grignon en École nationale d'agriculture.

L'implantation de laboratoires de recherche, dès le début du XXe siècle, favorisera l'évolution de l'enseignement agricole.

Des laboratoires
L'Ina PG regroupe
six laboratoires
de recherche :
Ager (agronomie
environnement),
biologie, Omip
(organisation
et modélisation
de l'information
et des
processus),
sciences animales,
sciences
économiques
et sociales,
Siab (sciences
et industries
alimentaires
et biologiques).
Les enseignants-
chercheurs
sont directement
associés
aux équipes
de recherche
de l'Inra,
du CNRS,
et du Cemagref
(Centre national
du machinisme
agricole, du génie
rural et des eaux
et forêts).

L'Ina en chiffres

1 200 étudiants inscrits dont 750 ingénieurs agronomes, 300 thésards, 150 enseignants-chercheurs, 130 chercheurs et ingénieurs appartenant aux laboratoires associés (Inra principalement). Depuis 1970, le pourcentage de filles par promotion a augmenté de 2 % par an. Ainsi, en 1970, il y avait 10 % de filles par promotion, et en 1995 elles représentaient la moitié de l'effectif.

950 hectares de domaines expérimentaux permettent de pratiquer différents systèmes de production : grandes cultures, bovins, lait, etc.

L'Ina aujourd'hui

C'est en 1971 que l'Institut national agronomique et l'École nationale supérieure de Grignon ont fusionné pour devenir l'Institut national agronomique Paris-Grignon (Ina PG). En effet, pour rationaliser l'enseignement supérieur agronomique en région parisienne, il était nécessaire de réunir les deux écoles. Pourtant, si au début l'éloignement des deux sites était considéré comme un handicap, aujourd'hui celui-ci est devenu un véritable atout. L'espace de Grignon permet à l'Ina PG de devenir un véritable campus.

Actuellement les disciplines enseignées sont multiples et variées. Elles vont des mathématiques, informatique, physique, aux sciences sociales (économie, gestion, sociologie), sans oublier les secteurs de la biologie et de ses applications.

Dans le secteur de l'agriculture et de la biologie, l'Ina PG est une grande école incontournable.

Les écoles de commerce et de gestion

Les écoles de commerce ont connu de graves difficultés au cours de ces dernières années. Mais cette crise a fait disparaître les « canards boiteux » et a assaini un marché trop encombré.

Les consuls

Lorsqu'on évoque les écoles de commerce et de management il arrive que l'on utilise le terme de consulaire. Pourquoi ? En fait, lors de la création des Chambres de commerce et d'industrie (CCI), en 1599 à Marseille, les personnes nommées à la tête de ces établissements étaient des consuls. Également appelés « députés du commerce », ils étaient chargés de développer les échanges entre les pays et avaient pour première mission d'accroître l'activité de la ville ou de la région. Un intitulé qui a réussi à traverser les siècles. Aujourd'hui encore, on parle toujours de chambre consulaire à propos des CCI.

Une grande notoriété

Une majorité d'établissements existe depuis au moins un demi-siècle. Certains sont même centenaires : la doyenne des Écoles supérieures de commerce, celle de Paris, a été créée en 1819. Une belle référence de longévité, qui tient à la paternité des CCI. Le temps a conforté le corps enseignant et imposé une image de réussite auprès des employeurs. Les recruteurs, comme on les appelle aujourd'hui, apprécient les jeunes diplômés issus d'une grande école au passé stable et prestigieux. Aujourd'hui, un grand nombre de P.-D.G., de directeurs généraux et même… de journalistes, sont tout droit sortis de ces écoles de commerce. Entre autres, on retrouve Claire Chazal, Édith Cresson, toutes deux diplômées d'HEC. Quoi qu'il en soit, ces anciens contribuent au maintien de l'excellente

>>
– *Reconnaissance
de l'établissement*
Elle donne accès
aux bourses
d'État et elle
est attribuée
aux écoles ayant
déjà diplômé
deux promotions.
– *Homologation
du titre*
À titre indicatif,
une école
de commerce
est homologuée
au niveau II
(bac + 3 ou
bac + 4).
C'est le titre
le plus facile
à obtenir.

notoriété dont bénéficient les grandes écoles de commerce. De plus, le réseau d'anciens fonctionne parfaitement, ce qui est un atout non négligeable pour les futurs entrants.

Les relations internationales

Elles sont la vitrine des écoles : Europe, États-Unis, Japon et maintenant Chine. C'est le moment privilégié pour maîtriser une langue étrangère, une autre culture et souvent obtenir un diplôme complémentaire. De plus en plus, les jeunes diplômés souhaitent débuter leur carrière à l'étranger, pour le prestige mais aussi pour l'expérience professionnelle.

Certaines écoles
de commerce
sont centenaires.
Un grand nombre
de décideurs
actuels en sont
tout droit sortis.

L'École des hautes études commerciales

HEC est une vieille école de commerce. La tradition et le temps ont permis à cet établissement de conserver tous ses attraits.

Former des talents pour le commerce

Le 4 novembre 1881, dans des locaux somptueux en pierre de taille, rue de Tocqueville, dans la plaine Monceau, HEC accueillait sa première promotion de 62 élèves. L'inauguration officielle eut lieu un mois plus tard, en présence de Maurice Rouvier, ministre du Commerce et des Colonies accompagné de Léon Say, président du Sénat.

HEC a été créée pour deux raisons. D'une part, la Chambre de commerce et d'industrie de Paris, à l'origine de la fondation de l'école, estimait que le système scolaire en place était insuffisant, inadapté et rétrograde. D'autre part, les entreprises, pour assurer leur extension en France et à l'étranger, dans un contexte de croissance et de concurrence, avaient un énorme besoin de développement.

GÉNÉRALITÉS | CONCEPTION | MODE D'E

Ainsi, dans le cas d'HEC et des autres grandes écoles, on retrouve les caractéristiques essentielles qui ont présidé à leur création : carence du système éducatif français, et nécessité de former des spécialistes. « *L'École des hautes études commerciales est destinée à fournir à notre commerce intérieur et extérieur une pépinière de jeunes talents, qui après avoir acquis par des fortes études toutes les sciences nécessaires, seront, après quelques années de pratique, en état, soit de continuer en faisant progresser nos grandes maisons déjà existantes en France et à l'étranger, soit d'en fonder de nouvelles* », expliquait dans un mémoire Gustave Rey, le 18 septembre 1886.

Peu à peu, avec le temps, l'école va s'imposer comme l'une des plus prestigieuses de l'État. Ainsi, le 9 juillet 1964, le général de Gaulle inaugure les nouveaux et impressionnants locaux de HEC, composés de grands blocs d'acier et de verre disséminés. Les promotions, par la notoriété grandissante de l'école, vont passer d'une cinquantaine d'élèves à plus de trois cents dans les années 60 (331 en 1964). Aujourd'hui, le nombre d'élèves se situe autour de 270.

Espace et verdure
Le campus HEC, situé à Jouy-en-Josas, à 25 km au sud-ouest de Paris, respire le calme. C'est un domaine de 118 hectares, boisé, comportant plus de 1 400 chambres, 50 appartements, un hôtel-résidence pour les cadres en séminaire, un complexe sportif, plusieurs restaurants, une salle de concert et une chapelle.

Le groupe HEC en 1996

Le groupe HEC dispense son enseignement à travers quatre institutions principales : l'École des hautes études commerciales et les mastères spécialisés, l'Institut supérieur des affaires, HEC Management et le Doctorat HEC.

HEC sans frontières

Le groupe HEC s'est toujours donné les moyens de sa vocation internationale. Près d'un quart des étudiants sont étrangers. Ainsi, ils représentent quelque trente nationalités différentes. De très nombreux professeurs affluent de toute la planète pour y dispenser leurs cours. Environ un quart des 57 000 ouvrages de la bibliothèque proviennent des États-Unis, d'Angleterre, d'Espagne, d'Italie, etc. Enfin, près de neuf langues étrangères y sont enseignées au total.

Créée en 1881, HEC reste l'école de référence en matière d'études commerciales.

L'École supérieure des sciences économiques et commerciales

L'École supérieure des sciences économiques et commerciales (Ésséc), plus jeune que HEC, constitue l'autre référence en matière d'études commerciales.

L'histoire

L'Institut économique de Paris a été créé en 1907. C'est en 1913 que l'Institut catholique de Paris reprend l'École supérieure des sciences économiques et commerciales, beaucoup plus connue sous le nom de l'Ésséc. En 1973, avec la fondation du groupe Ésséc et l'implantation de villes nouvelles dans la banlieue parisienne, l'école s'installe à Cergy-Pontoise. En 1981, l'école s'affilie à la chambre de commerce et d'industrie de Versailles (Yvelines).

Les études

Pour les étudiants issus des classes préparatoires, la durée des études est de trois ans, mais pour ceux déjà diplômés de l'enseignement supérieur elle est de deux ans. La première année est une période de transition entre la prépa et l'approfondissement des matières de gestion et de management. Au terme de celle-ci, les étudiants effectuent un stage baptisé « stage

À l'étranger
Sur le modèle de son bureau permanent au Japon, l'Ésséc, avec le concours de ses anciens élèves, s'attache à fortement accroître les stages à l'étranger. Ainsi, tous les étudiants sont tenus, au terme de leur scolarité, d'accomplir un stage ou une mission professionnelle au Japon ou aux États-Unis.

GÉNÉRALITÉS | CONCEPTION | MODE D'EI

d'immersion en entreprise », pendant quatre mois. Ensuite, pendant deux ans, les élèves choisissent leur programme parmi les 150 cours de gestion et les nombreux cours de langues et cultures étrangères à leur disposition. Pour mettre les étudiants dans une situation professionnelle, un stage de trois mois est programmé. Les élèves sont alors confrontés à la réalité, sans simulation, et se retrouvent dans une position analogue à celle qu'occupe un salarié.

L'apprentissage

Depuis quelques années, l'Ésséc donne la possibilité à certains étudiants de deuxième année de poursuivre leurs études sous le régime de l'apprentissage. En fait, il

C'EST UN DE CES COMMERCIAUX FORMÉS AU JAPON ...

s'agit pour l'étudiant d'alterner périodes à l'école et périodes en entreprise, sous la responsabilité d'un tuteur. Cette pratique est de plus en plus souvent adoptée car elle permet aux élèves d'avoir déjà un pied dans une entreprise et donc de pouvoir être embauché à l'issue de leur scolarité. De plus, pendant leurs études, les étudiants sont rémunérés en fonction de leur niveau et de leur âge. Dans le meilleur des cas, l'élève peut percevoir 70 % du SMIC par mois, soit environ 4 500 francs brut. Ce qui offre l'avantage de remédier aux difficultés financières que peuvent rencontrer les étudiants (frais de scolarité, argent de poche, etc.).

Des langues
À l'Ésséc, au total, 150 enseignements de langues étrangères sont proposés : allemand, anglais, arabe, brésilien, chinois, espagnol, hébreu, russe, italien, etc. En outre, dans les principales matières de gestion, 20 % des cours sont dispensés en anglais.

2 200 élèves
Vingt ans après son installation à Cergy-Pontoise, le groupe Ésséc accueille sur son campus 2 200 élèves français et étrangers.

Pour l'obtention du titre officieux de meilleure école de commerce française, l'Ésséc est chaque année au coude à coude avec sa « rivale » HEC.

Une école supérieure de commerce : l'ESC Nantes

Chaque école appartenant au réseau des Écoles supérieures de commerce est libre du choix de son enseignement. Ainsi, le groupe ESC Nantes s'appuie sur une large ouverture à la culture générale.

Ouverture sur le monde

Dans une école de commerce, *a priori*, il n'y a pas forcément beaucoup d'intérêt à suivre des cours d'histoire de l'art ou d'archéologie. Pourtant, depuis 1989, l'ESC Nantes prévoit pour ses élèves des enseignements dits « transversaux », avec un fort accent sur la culture générale. Ainsi, les étudiants sont amenés à travailler sur des matières qui sortent complètement du champ de compétence des écoles de commerce classiques : histoire de la peinture, architecture, géopolitique, éthique, écologie. Pourquoi un tel besoin d'ouverture sur le monde extérieur ? « *Avec la crise, pendant les trois années de leur scolarité, les élèves de l'ESC Nantes doivent apprendre à gérer au mieux leurs relations avec les entreprises.* » Ainsi, en plus des stages obligatoires, « comprendre l'entreprise » et « agir en entreprise », le recrutement d'un candidat se fait aussi par la culture générale, dit-on à la direction de l'école.

Des cours « transversaux »

Chaque étudiant doit impérativement suivre un cours transversal de trente heures parmi les cinq qui lui sont proposés. En fait, ces enseignements correspondent à des contraintes pédagogiques très minutieuses : en première année, l'enseignement a pour but d'apporter une solide culture pour percevoir les évolutions dans l'entreprise. En deuxième année et en troisième année, les élèves appréhendent les différences culturelles et le développement des comportements professionnels. Une fois leur diplôme en poche, les étudiants de l'ESC Nantes peuvent, par exemple, s'orienter vers des métiers tels que technicien en gestion ou contrôleur de gestion. Ensuite, les statistiques montrent qu'avec leur culture générale ils évoluent plus facilement dans une entreprise. Et pour appuyer les projets pédagogiques de l'école, ces enseignements sont sanctionnés par un examen de fin d'année qui compte pour le passage d'une année à l'autre.

Ainsi, dans les nombreux palmarès publiés tous les ans dans la presse économique, l'ESC Nantes arrive toujours bien classée. Une révolution pédagogique qui porte ses fruits et qui depuis a fait quelques émules… comme HEC.

Question d'argent

Le budget du groupe est de 56,4 millions de francs. Les frais de scolarité pour un élève avoisinent 31 000 francs par an. En deuxième année, il faut rajouter 13 500 francs pour la participation aux frais de transport et de logement en Amérique du Nord, dans le cadre d'un séjour obligatoire.

DIFFÉREND D'ORDRE COMMERCIAL, IIe SIÈCLE AVANT J.-C.

Mercure
Avec l'Esséc, l'ESC Lyon et l'Édhéc, le groupe ESC Nantes est cofondateur du réseau Mercure. Celui-ci a pour vocation de rendre plus performant l'enseignement du management en utilisant le multimédia et en faisant appel au partage des ressources.

Les anciens
L'association des anciens élèves de l'ESC Nantes a été créée en 1905.

Des cours dits « transversaux », ouverture sur la culture générale, ont des nouveautés programmés par l'ESC Nantes dans son programme d'enseignement.

L'École normale supérieure

L'École normale supérieure reste une école à la fois moderne et discrète. Elle a réussi au fil des ans à conserver sa vocation première : former des enseignants-chercheurs.

« Normale sup c'est la liberté. On y vit comme à l'hôtel, dans une atmosphère d'euphorie intellectuelle. »
Georges Pompidou, président de la République de 1969 à 1974.

Quatre Normales sup

Il existe quatre Écoles normales supérieures (ENS). Les khâgneux (*voir* p. 19) peuvent espérer intégrer Ulm-Sèvres et Fontenay-Saint-Cloud. Les autres, grâce aux langues étrangères ou aux sciences sociales, se dirigeront plutôt vers celles de Cachan ou Lyon. Les études s'étalent sur quatre ans, découpées en deux parties. Les deux premières années correspondent au second cycle universitaire classique (licence ou maîtrise). En troisième année les élèves abordent leur futur métier de professeur, en préparant l'agrégation. Enfin, en quatrième année, ils commencent leur formation « doctorale », pour ensuite s'orienter vers la recherche.

6 500 FRANCS BRUT

PLUS ERNEST NET !

ENS Ulm-Sèvres

L'École normale de la rue d'Ulm, en plein cœur du quartier latin, a été fondée en 1794. De son côté, Normale sup-Sèvres, (du nom d'une ancienne manufacture), est un peu plus jeune. Elle est née en 1889, à la suite d'une longue réflexion concernant l'enseignement secondaire féminin en France. Depuis le 1er janvier 1986, la rue d'Ulm et Sèvres ont été regroupées en une École

Salaire
Pendant ses études, un normalien est rémunéré. En première année son salaire mensuel est de 6 500 francs brut.

GÉNÉRALITÉS   CONCEPTION   MODE D'EMP

normale supérieure mixte. Ainsi, ce simple « collège » de formation des enseignants est rapidement devenu une vraie institution. Véritable pépinière de grands talents et d'esprits très brillants, de Pasteur, qui en dirigea le département scientifique, à Jaurès ou Bergson, elle suscita, dès son ouverture, quelques jalousies et critiques en devenant la rivale de la Sorbonne.

En deux mots...
Il existe quatre ENS en France. En 1996, elles recrutaient en priorité des scientifiques en ayant mis au point une banque commune d'épreuves.

ENS Fontenay-Saint-Cloud

Cette école est née du regroupement de l'École normale d'institutrices de Fontenay-aux-Roses (créée en 1882) et de l'École normale d'instituteurs de Saint-Cloud (créée en 1880). Elle possède deux spécialités : l'histoire moderne et la philosophie.

ENS Cachan

Depuis le début du siècle (1912), Cachan forme principalement des enseignants scientifiques, techniques, d'arts appliqués, de sciences économiques et sociales et d'anglais.

Normale sup, avec ses deux siècles d'histoire, continue à former des enseignants-chercheurs de haut niveau.

L'École nationale d'administration

L'École nationale d'administration est une jeune école de cinquante ans, et la qualité de son recrutement, de sa formation et du déroulement de carrière en font une école prestigieuse et respectée.

Une institution

L'École nationale d'administration (Éna) est née peu après la Libération, le 9 octobre 1945. Et en peu de temps, cette grande école est devenue une institution. Ainsi, dans les organigrammes politiques, une très grande majorité de ministres, préfets et autres hauts fonctionnaires de l'État sont passés par les bancs de l'école de la rue de l'Université à Paris, à deux pas de l'Assemblée nationale et du ministère de la Défense. Quelques noms : Jacques Chirac, Lionel Jospin…

Un concours original

Son recrutement se fait selon les modèles classiques de sélection à l'entrée des grandes écoles, c'est-à-dire par un concours dont l'originalité tient à sa dualité : l'un ouvert aux diplômés du 3e cycle, l'autre aux fonctionnaires de l'État et des collectivités locales déjà en place. En 1945, avec la création de l'Éna, les femmes, à qui l'on vient d'accorder le droit de vote, vont pouvoir accéder aux plus hautes marches de l'État. L'ordonnance du 9 octobre 1945 mentionne claire-ment : « *Les femmes ont accès à l'Éna, sous réserve de règles spéciales d'admission à certains emplois.* » En effet, il faudra attendre une trentaine d'années pour qu'elles puissent intégrer l'Inspection des finances, les préfec-tures ou les ministères.

Mai 68 : l'Éna a 23 ans

Lors de cette période, marquée par la révolte des étu-diants, les élèves de l'Éna décidèrent de s'y impliquer,

Des dates
C'est le gouvernement provisoire de la République française, présidé par le général de Gaulle, soutenu par la SFIO, le MRP et le PC, qui a installé l'Éna par l'ordonnance n° 45-2283 du 9 octobre 1945. En 1993, l'Éna a été partiellement décentralisée à Strasbourg.

Des chiffres
Budget annuel de fonctionnement : 161 millions de francs. Au total, en 1995, l'Éna a formé 5 327 énarques dont seulement 20 % de femmes.

sous la forme d'un communiqué inattendu : « *Sans sous-estimer les nécessités du maintien de l'ordre, les élèves de la promotion Jean-Jaurès s'élèvent contre les brutalités policières.* »

Le service public avant tout

Avec 86,4 % des énarques qui ont passé l'intégralité de leur carrière dans le service public, dont 65,4 % dans l'administration, l'Éna reste avant tout l'antichambre de la Fonction publique. Seulement 13,6 % des énarques ont fait un passage dans le privé. Un chiffre qui depuis 1975 est en constante augmentation. Quant à leurs relations avec la politique, l'enquête montre que 36,5 % des anciens élèves, toutes promotions confondues, ont fait un passage dans des cabinets ministériels. Mais on constate que seuls 4 % des élèves de l'Éna ont occupé un jour un mandat électif, dont la moitié un mandat national (Source : Enquête réalisée par l'École nationale de la statistique et de l'administration économique – Énsaé – commandée par la junior entreprise de l'Éna).

« *L'Éna n'est pas une école, c'est un concours* », Jean-Pierre Chevènement (ancien ministre de la Défense).

En deux mots...
L'Éna demeure la voie royale pour faire carrière dans le monde politique.
Le grand oral reste la partie la plus difficile du concours d'entrée.

MONSIEUR EST SPÉCIALEMENT MANDATÉ PAR LE SERVICE DES EAUX & FORÊTS POUR ASSURER LE COURS DE LANGUE DE BOIS.

L'Éna a été créée en 1945. Aujourd'hui, la grande majorité des hauts fonctionnaires français est diplômée de cette école.

L'École nationale vétérinaire d'Alfort

Près de trois siècles après sa création, l'École vétérinaire demeure une école très cotée dans son domaine.

Sans frontières
L'association Vétérinaires sans frontières (VSF) a été créée en 1983. Aujourd'hui, elle fait partie des dix grandes organisations non gouvernementales françaises. Son objectif est de venir en aide aux populations défavorisées dans les domaines de l'élevage et de la santé animale. Depuis quelques années, VSF possède une délégation à Alfort.

De grands noms

Claude Bourgelat, écuyer du roi Louis XV, a fondé l'École vétérinaire de Paris en 1763. Rapidement les locaux se révèlent trop vétustes et trop exigus ; le coût des fourrages, fortement taxés aux entrées de Paris, incitèrent les pouvoirs publics à choisir une autre implantation. Le choix se porta sur le château d'Alfort. Ainsi, l'école peut se vanter d'être la plus vieille école du monde, toujours établie sur le site de sa fondation. De très grand noms de la recherche biologique et médicale ont travaillé à l'ENVA. Entre autres, Pasteur et H. Bouley ont réalisé un certain nombre d'expériences sur la vaccination anti-charbonneuse.

Une école du vivant

Établissement d'enseignement supérieur et de recherche placé sous la tutelle du ministère de l'Agriculture, de la Pêche et de l'Alimentation, l'ENVA entretient des relations très étroites et privilégiées avec les grands organismes nationaux et internationaux. Aussi, depuis 1993, avec quatre autres établissements d'enseignement supérieur et de recherche (École nationale du génie rural des eaux et forêts, École nationale supérieure des industries agricoles et alimentaires, École nationale supérieure du paysage et Institut national agronomique), l'ENVA fait partie des « grandes écoles du vivant ».

Aujourd'hui, le corps enseignant de l'ENVA est composé de 71 professeurs, maîtres de conférences et assistants. Depuis 1992, tous les enseignants bénéficient d'un statut calqué sur celui des enseignants de l'enseignement supérieur.

Le musée Fragonard d'Alfort
Dès la création de l'École vétérinaire d'Alfort, en 1766, la direction de l'école a constitué une collection unique de pièces d'anatomie et de pathologie pour asseoir le prestige de l'école.

Trois siècles
L'École nationale d'Alfort a été créée au XVIIIᵉ siècle, à l'âge d'or de l'équitation, dans le souci de préserver et d'améliorer l'espèce chevaline dont l'importance économique était considérable. À l'époque, les fréquentes épidémies en tous genres ravageaient les troupeaux. L'École avait pour mission de soigner et de protéger le bétail.

Cursus et conditions d'admission

À compter de la rentrée de septembre 1996, un nouveau cursus des études va progressivement être mis en place pour s'achever en 1999. Celui-ci comportera trois cycles, découpés de la façon suivante : un premier cycle de deux ans, un deuxième de trois ans et enfin un troisième cycle qui s'étale de un à quatre ans. La sélection se fait sur concours et le nombre de places offertes est fixé chaque année par le ministère de l'Agriculture.

Consultations
Dans le cadre de ses activités d'enseignement et de recherche, l'École nationale vétérinaire d'Alfort est ouverte au grand public. Elle accueille tous les jours les personnes souhaitant faire soigner leurs animaux dans les différents services.

L'École nationale vétérinaire d'Alfort fait partie des « grandes écoles du vivant », avec un concours d'accès difficile.

Sciences politiques et Saint-Cyr

L'Institut d'études politiques de Paris offre une solide culture générale sans pour autant délivrer un métier clés en main. Saint-Cyr permet à ceux qui envisagent une carrière militaire de devenir officier.

L'Indépendant
C'est le journal interne de l'école. Il est indispensable pour connaître la vie du célèbre institut parisien.

Une formation généraliste

« *Je souhaite que Sciences politiques ne soit pas seulement une maison qui forme des élites citoyennes, car c'est l'objectif même de son fondateur Émile Boutmy en 1871, mais une maison qui puisse exporter, en direction des autres circuits d'enseignement ses réflexions, sa compétence, pour que cette préoccupation citoyenne ne soit pas le monopole de quelques-uns.* » En 1994, dans une interview à *L'Express*, Alain Lancelot, directeur de l'Institut d'études politiques (IEP) de Paris, le plus prestigieux, mettait en avant le caractère généraliste de la formation à Sciences-Po.

INSISTER POUR FAIRE SAINT-CYR...

.. ET RESTER OBJECTEUR DE CONSCIENCE

J'AI DÛ FAIRE UNE ERREUR

En deux mots...
Il existe huit instituts d'études politiques en France. Pour passer le concours d'entrée dans de bonnes conditions il faut soit faire hypokhâgne et khâgne, soit être titulaire d'un Deug.

L'enseignement

L'IEP de Paris fait appel à plus de 1 200 enseignants. Une soixantaine d'entre eux sont titulaires : 25 professeurs, 10 maîtres de conférences, 14 professeurs agrégés du secondaire, 2 assistants, 5 attachés temporaires, 4 professeurs « émérites ». Ils proviennent pour 46 % d'entre eux de l'université, pour 27 % de la Fonction publique

GÉNÉRALITÉS | CONCEPTION | MODE D'EMF

et pour 27 % du secteur privé. Parmi eux, on retrouve entre autres René Rémond, le président de la Fondation nationale des sciences politiques, et Hélène Carrère d'Encausse, historienne et écrivain (*L'Empire éclaté, Le Malheur russe*).

Deux atouts : la documentation et la librairie

La documentation en chiffres : 700 000 ouvrages, 8 000 journaux, magazines et périodiques français ou étrangers, 8 centres d'études et de recherche et une maison d'édition.

Au 30 de la rue Saint-Guillaume, la librairie de Sciences-Po fait partie du patrimoine. Pendant quarante ans (jusqu'en juin 1992) Jeannette a animé la boutique.

Ainsi, cette grande dame à l'œil moqueur en a vu défiler des étudiants devenus célèbres : Juppé, Fabius, Rocard, etc. « *Futures célébrités ou anonymes, ils sont toujours les mêmes : bosseurs, inquiets et indécis. Seul, avec le temps, le look a changé* » dit-elle avec nostalgie.

Saint-Cyr

C'est une évidence, pour faire Saint-Cyr, il faut aimer l'armée et… la Bretagne, car c'est dans cette région de la France que l'école est installée.

Les conditions d'inscription sont relativement simples : avoir moins de 22 ans au 1er janvier de l'année du concours, ou 23 ans pour ceux qui sont dégagés des obligations militaires, ou les militaires sous contrat. L'accès à l'école se fait uniquement sur concours ; la durée de la scolarité est de trois ans. Il existe des lycées militaires qui préparent le concours d'entrée.

À la sortie de Coëtquidan, les saint-cyriens obtiennent un diplôme qui leur donne la possibilité d'accéder à un troisième cycle universitaire. Ils sont directement nommés au grade de lieutenant et rejoignent l'école d'application de l'arme qu'ils ont choisie en fonction du classement final.

Neuf IEP
En plus de celui de Paris, il existe en France huit instituts d'études politiques (IEP). Ainsi, au lendemain de la Seconde Guerre mondiale, six IEP de province ont ouvert leurs portes. Il s'agit de Aix-en-Provence, Grenoble, Lyon, Strasbourg, Bordeaux et Toulouse. Plus récemment, en 1991, deux nouveaux venus dans le cercle des IEP se sont ajoutés à la liste : Rennes et Lille.

La formation demeure généraliste à Sciences-Po. Saint-Cyr accueille les futurs officiers de l'armée.

Poursuivre ses études

Réussir une grande école, c'est se munir d'un diplôme reconnu sur le marché du travail. Mais certains étudiants poursuivent, soit pour acquérir une spécialisation très pointue, soit pour se diriger vers la recherche.

D'autres portes
Déjà diplômés d'un bac + 5 ou 6, plus de 15 % des étudiants des grandes écoles poursuivent leurs études via un troisième cycle : DESS, DEA, mastères, MBA et DRT. Pour les ingénieurs, il est également possible d'acquérir une double compétence dans une école de commerce, voire dans une autre école d'ingénieurs. Envisager de continuer ses études, c'est s'ouvrir des portes vers la recherche, vers un secteur technologique de pointe ou vers l'international.

Les DESS

Les Diplômes d'études supérieures spécialisées (DESS) sont des formations qui s'adressent à des titulaires de bac + 4 au minimum, et que nombre de diplômés de grandes écoles affectionnent tout particulièrement. Très professionnels, ils donnent aux étudiants un diplôme prisé sur le marché de l'emploi, les études étant organisées autour de nombreux stages. Les spécialisations offertes par les DESS couvrent à peu près tous les domaines de l'industrie et des services, de l'informatique à la gestion en passant par la communication.

Les DEA

Les Diplômes d'études approfondies (DEA), d'une durée de un ou deux ans, constituent la première étape avant la recherche. À ce titre, les enseignements s'appuient sur plusieurs stages en laboratoire et une initiation à la recherche. Le DEA donne ensuite accès à la thèse de doctorat, que l'étudiant met de deux à quatre ans pour mener à terme (au-delà, il n'a plus droit aux bourses). Avec plus de 500 DEA scientifiques, c'est la poursuite d'études la plus prisée par les ingénieurs.

Les mastères spécialisés

Contrairement aux DESS et aux DEA, qui sont des diplômes nationaux mis en place par les universités, les mastères spécialisés émanent des grandes écoles de commerce et d'ingénieurs et sont labellisés par la Conférence des grandes écoles (CGE). Les études

GÉNÉRALITÉS | CONCEPTION | MODE D'EMF

durent de 12 à 15 mois et sont
payantes (assez chères en général).
Il existe plus de 200 spécialités de mastères,
s'adressant aussi bien aux ingénieurs
qu'aux gestionnaires, mais aussi aux
universitaires. Le stage représente la moitié de la formation, l'autre moitié consis-
tant en un travail d'études
et de recherches.
Plus l'école est cotée, plus
le mastère apporte un plus
à l'étudiant. Selon une enquête
de Télécom Bretagne, un « masté-
rien » voit son salaire augmenter
de plus de 20 % à l'issue de sa
formation.

VOICI MA CARTE...

Gontran D'
Ancien
Élève d

Les MBA

Les Master of business administration (MBA), comme
leur nom l'indique, constituent des spécialisations
tournées vers le management. Un excellent niveau
d'anglais est indispensable pour intégrer ce type
d'études, destinées avant tout aux jeunes cadres ou aux
diplômés ayant déjà acquis une expérience professionnelle. L'investissement demeure coûteux et la proliféra-
tion de ces diplômes incite à la méfiance.

Le DRT

Réservé aux ingénieurs en dernière année d'école ou
aux formations professionnelles de l'université
(type Institut universitaire professionnalisé – IUP),
le Diplôme de recherche technologique (DRT)
s'obtient après 18 mois de recherche technologique
dans les secteurs industriels ou tertiaires.
Les travaux de recherche s'effectuent sous la responsabilité d'un enseignant-chercheur et d'un professionnel.
Il est nécessaire d'avoir signé un contrat de travail avec
une entreprise pour intégrer un DRT.

> Décrocher
> un diplôme
> d'une grande
> école est déjà
> un très sérieux
> gage de sécurité.
> Cependant,
> il peut être
> intéressant
> de poursuivre
> ensuite ses études.

L'insertion professionnelle

Dans un contexte difficile, le diplôme d'une grande école reste une valeur sûre, comme le montre la dernière enquête d'insertion de la Conférence des grandes écoles.

Une embellie

Sans nul doute, détenir un diplôme de niveau bac + 5, qui plus est obtenu dans une grande école, offre un bon passeport pour l'entrée dans la vie active, même si la surenchère qui prévalait pour les diplômés dans les années quatre-vingt a aujourd'hui cédé la place à plus de mesure de la part des recruteurs. Malgré tout, l'enquête annuelle de la Conférence des grandes écoles (CGE) note cette année une certaine embellie, après des années plutôt moroses.

Une insertion satisfaisante

Selon l'enquête réalisée en 1996 par la CGE, 71 % des jeunes diplômés en recherche d'emploi trouvent un poste à la sortie de l'école (premier emploi des diplômés en 1995). Avec un net avantage pour les diplômés des écoles de commerce, ce chiffre grimpant à 80 % pour ces derniers. Dans leur grande majorité, les jeunes diplômés mettent moins de quatre mois à trouver leur entreprise d'accueil, les écarts entre ingénieurs et gestionnaires étant infimes. Par ailleurs, les stages demeurent le moyen de recherche le plus efficace, devançant de peu les candidatures spontanées, puis les annonces dans la presse.

Le salaire des ingénieurs...

Selon les différentes enquêtes et autres palmarès effectués par les grands magazines ou les écoles elles-mêmes, les écoles d'ingénieurs se répartissent à peu près selon trois groupes. Le premier comprend une dizaine

GÉNÉRALITÉS | CONCEPTION | MODE D'EM

d'écoles, dont les prestigieuses École polytechnique, Centrale, Ponts et Chaussées, Mines ou Supélec. Les salaires pour les diplômés de ces écoles oscillent de 170 000 francs annuels à 240 000 francs. Le deuxième compte en majorité des écoles comme les Arts et Métiers, Centrale Lyon et Lille, certains établissements recrutant au bac arrivant à se hisser dans ce groupe. Les salaires varient ici de 150 000 francs annuels à 220 000 francs. Enfin, le troisième groupe, constitué par l'ensemble des autres écoles, donne des salaires compris entre 140 000 et 195 000 francs.

... et des commerciaux

Pour les écoles de commerce, le phénomène est sensiblement le même. Certaines écoles sont plus cotées que d'autres et obtiennent des résultats supérieurs. Les étudiants les mieux payés sortent généralement d'un premier groupe d'établissements, comme HEC, l'Éssec, l'ESCP, l'ESC Lyon ou l'ESC Rouen, voire de certaines sections de Sciences-Po. Le salaire d'un débutant tourne autour de 180 000 à 220 000 francs par an. Viennent ensuite certaines ESC de la banque HEC ou du concours Écricome. Le salaire oscille ici entre 170 000 et 190 000 francs annuels (brut). Enfin viennent les autres écoles, avec des salaires compris entre 140 000 et 180 000 francs.

La précarité

Les contrats à durée déterminée (CDD) commencent à reculer (– 3 %) par rapport aux précédentes années. Ici encore, les jeunes ingénieurs sont desservis par rapport aux commerciaux et aux gestionnaires, puisqu'ils sont 31 % à signer ce type de contrat contre 23 % pour les diplômés d'écoles de commerce. En revanche, ces derniers n'obtiennent pas le statut « cadre » dans 29 % des cas, contre 17 % seulement pour les ingénieurs. Enfin, tous diplômes confondus, les jeunes salariés sont près de 60 % à trouver leur premier emploi dans une grande entreprise (plus de 500 salariés).

Le diplôme d'une grande école demeure un bon passeport pour l'entrée dans la vie active.

La formation continue

La formation continue est une bonne formule pour ceux qui souhaitent obtenir un diplôme plus élevé en alliant vie professionnelle et études.

La formation continue en France

Sortis du système scolaire après un bac + 2, de plus en plus de salariés aspirent, après quelques années d'expérience professionnelle, à des responsabilités plus élevées. La formation continue, alternant travail dans l'entreprise et enseignement à l'école, répond ainsi aux souhaits de salariés bloqués dans leur évolution par leur diplôme.

Si les écoles de commerce qui proposent des cursus longs accessibles par la formation continue sont rares, la plupart d'entre elles offrent des formations non diplômantes ou dispensent des troisièmes cycles en formation continue, type mastère ou DESS (*voir* p. 50).

Du côté des écoles d'ingénieurs certains organismes, comme le Conservatoire national des arts et métiers (Cnam) ou le Centre d'études supérieures industrielles (Cési) et ses huit établissements délivrent le titre d'ingénieur à des techniciens ayant acquis une expérience professionnelle, généralement supérieure à cinq ans.

De création plus récente, les nouvelles formations d'ingénieurs (NFI) en formation continue (une vingtaine d'écoles) répondent

PENDANT LES CONGÉS..
LA FORMATION CONTINUE

ÉCOLE

GÉNÉRALITÉS | CONCEPTION | MODE D'EM

quant à elles au besoin de combler en France la pénurie d'ingénieurs, et plus particulièrement d'ingénieurs terrain. Enfin, au même titre que les écoles de commerce, certains diplômes de troisième cycle, des formations de perfectionnement ou des périodes sous forme de stages (formations qualifiantes) sont offerts par des écoles comme les Mines ou Centrale.

Le financement de sa formation

Le plus souvent menées à la demande des entreprises qui souhaitent actualiser les connaissances de leurs salariés, les formations dites qualifiantes sont financées dans le cadre de la loi de 1971 grâce au 1,1 % du plan de formation des entreprises.

Quant aux formations diplômantes (mastères, DESS, diplômes d'ingénieurs...), destinées à répondre aux attentes des salariés, leur financement s'opère de différentes façons. Outre la prise en charge par l'entreprise, les salariés en congé individuel de formation (Cif) se voient offrir le paiement de leur formation. Si aucune solution n'est envisageable, il reste au salarié l'unique possibilité de financer lui-même sa formation.

Le Conservatoire national des arts et métiers

Le Cnam est la plus ancienne des écoles dispensant des enseignements supérieurs au titre de la formation continue. Certaines de ces formations sont diplômantes et permettent à des techniciens d'accéder au titre d'ingénieur. D'autres s'appuient sur des domaines très pointus, favorisant ainsi une remise à niveau d'un ingénieur qui se sent un peu dépassé au cours de sa carrière.

Les étudiants salariés inscrits dans un cursus du Cnam suivent leurs enseignements en cours du soir et le samedi. Les spécialités du Cnam couvrent l'ensemble des secteurs industriels, et débordent même parfois sur des enseignements comme la culture et la communication.

> Pour ceux qui veulent progresser et acquérir connaissances supplémentaires et diplômes, la formation continue reste une bonne solution.

La recherche

Impossible, pour une grande école, d'exister sans la recherche. Si cette activité demeure l'apanage des formations d'ingénieurs, les écoles de commerce la revendiquent également.

Évaluer le niveau

L'évaluation courante du niveau de recherche d'une école s'appuie sur le nombre de laboratoires dont elle dispose, les effectifs des enseignants-chercheurs et les communications scientifiques effectuées lors de colloques sur la recherche. Cette volonté de reconnaissance d'une formation par la recherche reste récente, puisqu'il aura fallu attendre la moitié du siècle pour voir évoluer les mentalités.

Les étudiants et la recherche

Selon l'enquête réalisée par la Conférence des grandes écoles (CGE) auprès des diplômés, en 1994, il y avait 4 320 étudiants inscrits en DEA et 7 583 inscrits en thèse dans les grandes écoles ; les ingénieurs représentent plus de la moitié des effectifs dans les deux cas. Ils sont près de 25 % à avoir opté pour un doctorat, contre 1 % seulement des diplômés d'écoles de commerce.

Actuellement, on compte en France environ 130 800 chercheurs et ingénieurs de recherche, dont plus de la moitié font de la recherche fondamentale à l'université ou dans de grands organismes comme le CNRS, l'Inserm ou le Cnes. Les autres chercheurs se sont tournés vers

ET QUEL EST L'AXE PRINCIPAL DE VOTRE RECHERCHE

Ingénieurs ou savants

Auparavant, les écoles d'ingénieurs, aussi prestigieuses fussent-elles, formaient des « ingénieurs pour l'industrie et non des savants ». Ainsi, en 1946, il n'y avait que 14 écoles d'ingénieurs qui possédaient des laboratoires de recherche. Aujourd'hui, 79 établissements sont habilités ou cohabilités avec une université à délivrer un DEA et 20 sont habilités à délivrer seuls le doctorat.

GÉNÉRALITÉS | CONCEPTION | MODE D'EM

la recherche appliquée, c'est-à-dire basée sur l'innovation de produits liés à l'industrie. La plus grande partie des travaux de recherche s'effectue dans les secteurs de la robotique, des nouveaux matériaux, de l'automobile, de la chimie et de la pharmacie. Si la majorité de la recherche se situe dans le domaine des sciences pures, les sciences humaines et sociales ne sont pas totalement absentes des écoles. Certaines ont ainsi créé des départements de recherche en sociologie de l'innovation, en management industriel ou en sciences de gestion.

Le financement de la recherche

Les dépenses de fonctionnement et d'équipement constituent le coût principal des centres de recherche, auquel il convient d'ajouter toutefois les salaires des personnels. En 1994, selon une enquête réalisée par la CGE, la première source de financement réside dans les contrats passés avec les entreprises (y compris les programmes européens, en forte hausse), à hauteur de 710 millions de francs, soit 38,5 % du total. Outre l'existence de ces contrats, la recherche peut s'appuyer sur une deuxième source de financement, provenant des autorités de tutelle (Éducation nationale, chambres de commerce…) dont dépend l'école. Cette participation a rapporté aux écoles 629 millions de francs en 1994, soit 34 % du financement global. Enfin, les organismes de recherche comme le CNRS, les collectivités locales ou certaines associations, fournissent le reste des ressources allouées à la recherche.

COMME TOUT LE MONDE :
LA RECHERCHE DU
FINANCEMENT.

La recherche est devenue essentielle pour les grandes écoles. C'est pourquoi elles modernisent et développent de plus en plus leurs départements de recherche.

Quelques informations pratiques

Toutes les grandes écoles ne dépendent pas uniquement du ministère de l'Éducation nationale, et il est parfois difficile de s'y retrouver.

POUR DEVENIR PRÉSIDENT DE LA RÉPUBLIQUE, QU'EST-CE QUE VOUS ME CONSEILLEZ ?

CATALOGUE Grandes Écoles

ORIENTATION

Polytechnique et Saint-Cyr

Les établissements d'enseignement supérieur militaire dépendent du ministère de la Défense. Ils comprennent les écoles de l'armée de terre, de la marine, de l'armée de l'air et de l'armement (Direction générale de l'armement). L'admission se fait sur concours, à l'issue d'une prépa scientifique.

L'École des mines

Toutes les Écoles des mines relèvent du ministère de l'Industrie et du Commerce extérieur. Elles acceptent les étudiants sur concours ou sur titre, selon les cas : bac + 1, bac + 2 ou bac + 4, et elles délivrent un diplôme d'ingénieur en trois ou quatre ans.

L'Éna

L'École nationale d'administration relève directement du Premier ministre. Elle a pour principal objectif de former des fonctionnaires destinés à constituer les cadres supérieurs de la France. La scolarité dure deux ans et l'accès de l'école se fait uniquement sur concours.

L'École centrale

Les Écoles centrales sont des établissements d'Enseignement supérieur public dont le ministère de tutelle est celui de la Recherche et de l'Enseignement supérieur. L'admission est possible sur concours après une prépa scientifique.

GÉNÉRALITÉS | CONCEPTION | MODE D'EM

L'École nationale des ponts et chaussées

Elle relève du ministère de l'Équipement, du Transport et du Logement. Elle délivre un diplôme d'ingénieur en trois ou quatre ans. Le recrutement se fait sur concours après une prépa scientifique.

Les Écoles normales supérieures

Au nombre de quatre (Paris, Cachan, Lyon, Fontenay/Saint-Cloud), elles recrutent uniquement après une prépa. Normale sup prépare aux diplômes nationaux des universités et aux concours de recrutement des professeurs (Capes et agrégation).

Sciences politiques

Les Instituts d'études politiques (IEP) sont au nombre de neuf. Ils délivrent leur diplôme au terme de trois années d'études.

Les écoles de commerce

Les grandes écoles de commerce et gestion (HEC, Esséc, ESC...) sont des écoles privées et dépendent pour la plupart des chambres de commerce et d'industrie. Elles sont placées sous la tutelle du ministère de l'Industrie.

Les établissements d'enseignement supérieur agricole

Ils dépendent du ministère de l'Agriculture. Ils comprennent l'Institut national agronomique de Paris-Grignon et les écoles natio-nales agronomiques. La sélection est très stricte et l'admission s'effectue sur concours après deux années de prépa scientifique.

Les Écoles nationales vétérinaires

L'accès aux Écoles nationales vétérinaires se fait par concours. Il existe deux possibilités pour intégrer une école vétérinaire. Soit après un BTS ou DUT (bac + 2), soit après avoir suivi une classe prépa vétérinaire. L'École nationale vétérinaire d'Alfort dépend du ministère de l'Agriculture.

APRÈS LA RUE DU BAC, VOUS ARRIVEZ À UN GRAND TOURNANT.

Bibliographie

Quelques livres

ALBERTINI (Pierre), *L'École en France, XIXᵉ et XXᵉ siècles,* Hachette supérieur, 1992.

BLAIN (Marie-Françoise), *Réussir Sciences-Po, le tour de France des IEP,* L'Étudiant, 1996.

BRICOUT (Luc), *Bien choisir son école d'ingénieurs,* L'Étudiant 1996.

CABOCHE (Anne), *Aperçu du système éducatif français,* Centre international d'études pédagogiques, 1995.

CHARLE (Christophe), *La République des universitaires, 1870-1940,* Le Seuil, 1994.

DELORS (Jacques), *L'Éducation, rapport à l'Unesco de la Commission internationale sur l'éducation pour le XXIᵉ siècle,* Odile Jacob, 1991.

FOUÉRÉ (Gaëlle), *Bien choisir sa classe préparatoire,* L'Étudiant, 1996.

GAILLARD (Jean-Michel), *Tu seras président, mon fils,* Ramsay, 1987.

JACQUEMELLE (Guy), *Le Grand Oral de l'ENA,* éditions du Mécène, 1995.

LAURENCIN (Magali) et POUYET (Bernard), *L'Université et la ville,* Plan urbain, 1994.

LELIÈVRE (Claude) et NIQUE (Christian), *L'École des présidents,* Odile Jacob, 1995.

LESOURNE (Pierre) (sous la direction de), *Les Polytechniciens dans le siècle,* Dunod, 1994.

MASSON (Nicole), *L'École normale supérieure, les chemins de la liberté,* coll. « Découvertes », Gallimard, 1994.

MÉCHOULAN (Éric) et MOURIER (Pierre-François), *Normale Sup, des élites pour quoi faire ?* éditions de l'Aube, 1994.

NIQUE (Christian), *Comment l'école devint une affaire d'État,* Nathan, 1990.

PAYE-JEANNENEY (Laurence) et PAYAN (Jacques), *Le Chantier universitaire,* Beauchesne, 1988.

RAICHVARG (Daniel) et JACQUES (Jean), *Savants et ignorants,* Le Seuil, 1991.

Annuaire national de l'enseignement supérieur, L'Étudiant, 1996.

Les classes préparatoires aux grandes écoles, Onisep.

Les grandes écoles de commerce, Onisep.

Références pour un ingénieur humaniste, préface de Jacques Lesourne. Éditions École des mines de Nancy-Le Cherche midi, 1994.

Quelques revues

L'Étudiant, mensuel d'information sur l'éducation.

La Lettre de l'Étudiant, hebdomadaire, lettre d'information professionnelle sur l'enseignement supérieur, sur abonnement.

Le Monde de l'éducation, mensuel, sur toute l'actualité de l'éducation.

La lettre du Monde de l'éducation, hebdomadaire des professionnels de l'éducation, sur abonnement.

Phosphore, mensuel pour les lycéens.

GÉNÉRALITÉS | CONCEPTION | MODE D'EMP

Adresses utiles

Chapitre des grandes écoles françaises de management, 60, boulevard Saint-Michel, 75005 Paris. Tél. : (1) 39 67 73 56.

Conférence des grandes écoles, 60, boulevard Saint-Michel, 75006 Paris. Tél. : (1) 43 26 25 57.

Direction de l'évaluation et de la prospective (DEP), 142, rue du Bac, 75007 Paris, tél · (1) 49 55 38 33.

Direction générale des enseignements supérieurs, 61-65, rue Dudot, 75015 Paris. Tél. : (1) 40 65 63 00.

Direction de l'information et des technologies nouvelles, 110, rue de Grenelle, 75007 Paris. Tél. : (1) 49 55 14 70.

Ministère de l'Éducation nationale-Ministère de l'Enseignement supérieur, de la Recherche et de l'Insertion professionnelle, 110, rue de Grenelle, 75007 Paris. Tél. : (1) 49 55 10 10.

Ministère du Travail et de la Formation professionnelle, 55, avenue Bosquet, 75007 Paris. Tél. : (1) 44 38 24 38.

Musée Fragonard de Maisons-Alfort 7, avenue du Général-de-Gaulle, 94700 Maisons-Alfort. Tél. : (1) 43 96 71 72.

Service de la formation continue dans l'enseignement supérieur, 61-65, rue Dudot, 75015 Paris. Tél. : (1) 40 65 68 84.

ÉCOLES DE COMMERCE

École des hautes études commerciales du Nord (Édhéc), 58, rue du Port, 59046 Lille Cedex. Tél. : 20 15 45 00.

École supérieure de commerce (ESC) Grenoble, Europole, 12, rue Pierre-Sémard, BP 127, 38003 Grenoble. Tél. : 76 70 60 60.

ESC Nantes Atlantique, 8, rue de la Jonelière, BP 72, 44003 Nantes Cedex. Tél. : 40 37 34 34.

ESC Toulouse, 20, boulevard Lascrosses, 31068 Toulouse cedex. Tél. : 61 29 49 49.

ESC Tours, 1, rue Léo-Delibes, BP 535, 37005 Tours Cedex. Tél. : 47 71 71 71.

Éssec, avenue Bernard-Hirsch, BP 105, 95021 Cergy-Pontoise Cedex. Tél. : (1) 34 43 30 00.

École supérieure de commerce de Paris (ESCP), 79, avenue de la République, 75011 Paris. Tél. : (1) 49 23 20 00.

ÉCOLES D'INGÉNIEURS

Conservatoire national des arts et métiers (Cnam), 292, rue Saint-Martin, 75003 Paris. Tél. : (1) 40 27 20 00.

École nationale supérieure des arts et métiers – Centre d'enseignement et de recherche d'Aix-en-Provence, 2, cours des arts-et-métiers, 13100 Aix-en-Provence. Tél : 42 93 81 81.

École nationale supérieure des arts et métiers – Centre d'enseignement et de recherche d'Angers, 2, boulevard du Ronceray, BP 3525, 49035 Angers. Tél. : 41 20 73 73.

École nationale supérieure des arts et métiers – Centre d'enseignement et de recherche de Bordeaux, Esplanade des arts-et-métiers, 33405 Bordeaux. Tél. : 56 84 53 33.

École nationale supérieure des arts et métiers – Centre d'enseignement et de recherche de Châlons-sur-Marne, 3, rue de La Rochefoucault, BP 508, 51006 Châlons-sur-Marne. Tél. : 26 69 26 89.

Adresses utiles (suite)

École nationale supérieure des arts et métiers
– Centre d'enseignement et de recherche
de Cluny, 71250 Cluny. Tél. : 85 59 53 53.

École nationale supérieure des arts et métiers
– Centre d'enseignement et de recherche
de Lille, 8, boulevard Louis-XIV,
59046 Lille Cedex. Tél. : 20 53 11 00.

École nationale supérieure des arts et métiers
– Centre d'enseignement et de recherche
de Paris, 151, boulevard de l'Hôpital,
75013 Paris. Tél. : (1) 44 24 62 29.

École centrale de Paris, Grande Voie des
Vignes, 92295 Châtenay-Malabry Cedex.
Tél. : (1) 41 13 10 00.

École centrale de Lille, Cité scientifique,
BP 48, 59651 Villeneuve-d'Ascq Cedex.
Tél. : 20 33 53 53.

École centrale de Lyon, 36, avenue Guy-de-
Collongue, BP 163, 69131 Écully Cedex.
Tél. : 72 18 60 00.

École centrale de Nantes, 1, rue de la Noé,
44072 Nantes Cedex 03. Tél. : 40 37 16 00.

École nationale supérieure des mines de Paris
(ENSMP), 60, boulevard Saint-Michel,
75272 Paris Cedex 06. Tél. : (1) 40 51 90 00.

École nationale supérieure des mines
de Nancy, Parc de Saurupt, 54042 Nancy
Cedex. Tél. : 83 58 42 32.

École nationale supérieure des mines
de Saint-Étienne, 158, cours Fauriel,
42023 Saint-Étienne Cedex 02.
Tél. : 77 42 01 23.

École nationale supérieure des arts
et industries de Strasbourg (ENSAIS)
24, boulevard de la Victoire,
67084 Strasbourg.
Tél : 88 14 47 00.

École polytechnique, route de Saclay,
91128 Palaiseau Cedex. Tél. : (1) 69 33 47 36.

École nationale des ponts et chaussées
28, rue des Saints-Pères, 75007 Paris.
Tél. : (1) 44 58 27 00.

École nationale d'ingénieurs (Éni) de Belfort,
Espace Bartholdi-Technopole, BP 525,
90016 Belfort Cedex. Tél. : 84 58 23 00.

Éni de Brest, Technopole Brest-Iroise, BP 15,
29608 Brest Cedex. Tél. : 98 05 66 00.

Éni de Metz, Île du Saulcy, 57045 Metz
Cedex 01. Tél. : 87 34 69 00.

Éni de Saint-Étienne, 58, rue Jean-Parot,
42023 Saint-Étienne Cedex. Tél. : 77 43 84 84.

Éni de Tarbes, 47, avenue d'Azereix,
65506 Tarbes Cedex. Tél. : 62 44 27 00.

JOURNALISME

Centre de formation des journalistes (CFJ)
35, rue du Louvre, 75001 Paris.
Tél. : (1) 44 82 20 00.

CUEJ, 11, rue du Maréchal-Juin, BP 13,
67043 Strasbourg Cedex. Tél. : 88 14 45 35.

École des hautes études en sciences de
l'information et de la communication
(Celsa), 77, rue de Villiers, 62523 Neuilly-
sur-Seine. Tél. : (1) 47 45 66 04.

École supérieure de journalisme (ESJ)
50, rue Gauthier-de-Châtillon, 59000 Lille.
Tél. : 20 12 86 00.

AUDIOVISUEL

Institut de formation et d'enseignement
pour les métiers de l'image et du son (Femis),
6, rue Francœur, 75018 Paris.
Tél. : (1) 42 62 20 00.

GÉNÉRALITÉS | CONCEPTION | MODE D'EM

École nationale supérieure Louis-Lumière
2, rue de Vaugirard, BP 22, Noisy-le-Grand.
Tél. : (1) 48 15 40 10.

AUTRES ÉCOLES

École nationale d'administration,
13, rue de l'Université, 75007 Paris.
Tél. : (1) 45 55 44 15.

École nationale vétérinaire, 7, avenue
du Général-de-Gaulle, 94700 Maisons-
Alfort. Tél. : (1) 43 96 71 00.

École normale supérieure, 45, rue d'Ulm,
75005 Paris. Tél. : (1) 44 32 30 00.

Institut national agronomique Paris-Grignon
(Ina PG), 16, rue Claude-Bernard,
75231 Paris Cedex 05. Tél. : (1) 44 08 16 61

Saint-Cyr, Camp de Saint-Cyr Coëtquidan,
56381 Guer Cedex. Tél. : (16) 97 75 75 75
Minitel : 36-15 code Terre, pour connaître
l'adresse des lycées militaires.

Sciences politiques, 27, rue Saint-Guillaume,
75337 Paris Cedex 07. Tél. : (1) 45 49 50 50.

Instituts nationaux des sciences appliquées
– INSA Lyon : 20, rue Albert-Einstein,
69621 Villeurbane. Tél. : 72 43 83 83

– INSA Rouen : Place Émile-Blondel, BP 08,
76131 Mont-Saint-Agan. Tél. : 35 52 83 00

– INSA Rennes : 20, avenue des Buttes-de-
Coesme, 35043 Rennes Cedex. Tél : 61 55 95 13

– INSA Toulouse : complexe scientifique
de Rangueil, 31077 Toulouse Cedex.
Tél. : 61 55 95 13

Supélec

École supérieure d'électricité/ Supélec de
Gif-sur-Yvette, plateau de Moulon,
91192 Gif-sur-Yvette. Tél. : (1) 69 85 12 12

École supérieure d'électricité-Supélec de
Metz, Technopole Metz 2000, 2, rue
Édouard-Belin, 57078 Metz Cedex 03.
Tél. : 87 74 99 88

École supérieure d'électricité-Supélec de
Rennes, avenue de la Boulaie, BP 28, 35511
Cresson-Sévigné Cedex. Tél. : 44 58 27 00

Index

Le numéro de renvoi correspond à la double page.

Responsable éditorial : Bernard Garaude
Directeur de collection – édition : Dominique Auzel
Secrétariat d'édition : Sylviane Baudois, Véronique Sucère
Correction – révision : Jacques Devert
Lecture – collaboration : Pierre Casanova
Iconographie : Sandrine Guillemard
Conception graphique : Bruno Douin
Couverture – suivi maquette : Lydia Chatry
Maquette : Véronique Lacaze
Illustrations : Jean-Claude Pertuzé
Fabrication : Isabelle Gaudon, Hélène Zanolla

Aubin Imprimeur, 86240 Ligugé. — D.L. août 1996. — Impr. P 52111